梦山书系

幼儿园
家园沟通案例
故事精选50例

王哼 ◎ 主编

海峡出版发行集团 | 福建教育出版社

图书在版编目（CIP）数据

幼儿园家园沟通案例故事精选50例/王哼主编.—福州：福建教育出版社，2025.2

ISBN 978-7-5758-0294-9

Ⅰ．G616

中国国家版本馆CIP数据核字第2024QL2263号

You'eryuan Jiayuan Goutong Anli Gushi Jingxuan 50 LI
幼儿园家园沟通案例故事精选50例
王哼 主编

出版发行	福建教育出版社
	（福州市梦山路27号 邮编：350025 网址：www.fep.com.cn
	编辑部电话：010-62027445
	发行部电话：010-62024258 0591-87115073）
出 版 人	江金辉
印　　刷	福州万达印刷有限公司
	（福州市闽侯县荆溪镇徐家村166-1号厂房第三层 邮编：350101）
开　　本	710毫米×1000毫米 1/16
印　　张	11.5
字　　数	156千字
插　　页	2
版　　次	2025年2月第1版 2025年2月第1次印刷
书　　号	ISBN 978-7-5758-0294-9
定　　价	39.00 元

如发现本书印装质量问题，请向本社出版科（电话：0591-83726019）调换。

目录

案例分析

教育孩子不止是幼儿园的事 / 003

幼儿园事儿真多 / 007

给老师送礼 / 011

纽扣风波 / 014

焦虑的小米 / 017

不午睡的乐乐 / 020

爱"打人"的霖霖 / 023

敏感的淘淘 / 027

说"脏话"的奇奇 / 030

由沟通暴露出的问题 / 033

从容面对"问题家长" / 038

不做缺位的父亲 / 041

趣味祖辈亲子活动 / 045

自助式家长沙龙 / 049

重要的互动式亲子阅读 / 052

亲子阅读，悦读阅美 / 056

亲子共读，助力幼小衔接 / 060

信息化助力家园沟通 / 063

激发家长的主人翁意识 / 066

完成每一次小任务 / 069

家里的"小公主" / 072

让小班幼儿好好吃饭 / 075

"劳"之有趣,"育"之有方 / 078

家园同步培养幼儿劳动意识 / 082

教育随笔

班级群里的冲突 / 089

从新手到熟手 / 093

家园合作的力量 / 097

在问题中提升沟通能力 / 100

家园齐努力,沟通促成长 / 103

艺艺的假期综合症 / 106

好孩子的烦恼 / 109

敏敏的压力 / 112

孤僻的婷婷 / 115

伊伊爸爸的焦虑 / 119

辰辰自信了 / 123

伟伟转园后 / 126

大博的转变 / 129

我不吃手了 / 132

挑食偏食的小蕊 / 136

同频协商,双向奔赴 / 140

用好家园沟通这座桥 / 143

家园沟通，温暖育人 / 147

信任相伴，携手共育 / 150

家委会升级了 / 154

游戏故事促家园沟通 / 157

有效沟通提高教育质量 / 160

自己的事情自己做 / 164

杜绝"三天打鱼两天晒网" / 167

爸爸爱心志愿团 / 171

家园共绘美好教育蓝图 / 174

案例分析

教育孩子不止是幼儿园的事

◇ **案例描述**

幼儿园邀请家长来园参与活动,大部分家长在群里积极响应,但有几名家长一直没有回复。班主任以为这几名家长因忙碌没有看到群通知,便私下打电话提醒,结果是有的家长敷衍了事,有的家长表示不耐烦,而琪琪妈妈则很激烈地说:"天天这事那事,幼儿园怎么那么多事。"班主任解释了参与活动的必要性,琪琪妈妈很生气地说"知道了"后便挂断了电话。班主任这边一时愣住,回想每次家园合作,总有一些家长不愿意参与幼儿园的活动,甚至在部分家长的观念中认为教育孩子是幼儿园的事情,所以对幼儿园的任何活动都漠不关心。

◇ **案例分析**

《幼儿园教育指导纲要(试行)》(以下简称《纲要》)中提出:家庭是幼儿园重要的合作伙伴,应本着尊重、平等、合作的原则争取家长的理解、支持和主动参与,并积极支持、帮助家长提高教育能力。这充分强调了家园合作的重要性。家园合作就是幼儿园和家庭都把自己当作是促进幼儿发展的主体,双方积极主动地相互了解、相互配合、相互支持,通过幼儿园与家庭的双向沟通与互动促进幼儿的身心发展。

陈鹤琴先生说过,"幼稚园教育是一种很复杂的事情,不是家庭一方面可以单独胜任的，也不是幼稚园一方面能单独胜任的，必定要两方面共同合作方能得到充分的功效。"由此可见，幼儿园与家庭教育是幼儿教育的"双臂"，缺一不可，在幼儿发展过程中各自发挥着不可替代的作用。鉴于这些问题，教师应积极探索家园沟通与合作的方式方法，以发挥家园共育的优势。

◇ 指导策略

一、统一教育理念

家园沟通与合作是双向互动活动，需要幼儿园和家庭两方面的积极配合，仅靠幼儿园单方面是不够的，因此增强家长的教育意识和教育水平是十分必要，也是十分重要的。家长只有充分认识到家园一致担负起促进幼儿发展的意义后，才能有效开展家园共育。

首先，针对不主动了解幼儿园教育信息的家长，我们通过发放宣传单的形式，确保人手一份保教知识宣传单，促使家长接受、丰富教育知识、更新教育观念。其次，我们召开经验交流会，通过家庭教育指导以及家长之间的榜样作用，使这部分家长认识到家庭教育的重要性。接着从家长中选派代表组成家委会，作为幼儿园与家长联系的桥梁，一方面可及时反映家长有代表性的意见和建议，同时又可加强家长间的联系。通过一系列耐心细致的工作，那些不关心幼儿在园情况的家长逐渐有了转变，有时会主动向我们咨询或探讨幼儿的问题，有时会提供一些建设性意见，有时甚至还会与大家分享一些育儿知识。

二、树立平等观念

家园沟通与合作的过程是一个双向的、平等的过程，要想家长能够积极参与幼儿园活动，教师和家长要有平等的态度，任何一方居高临下的指挥者姿态都会让另一方退缩。因此，教师要转变传统观念，放下"教育权威"的架子，摒弃自己高高在上的姿态，与家长建立平等、和谐的关系，共同促进儿童的成长。

以往的家长会多半是一言堂模式，现在我们试着把说教式的家长会改为互动式的座谈会、茶话会、家长沙龙等，让家长在平等的对话中产生共鸣，从而有效解决幼儿教育中出现的问题。

三、注重密切沟通

家园教育理念统一后，考虑到不同层次不同教育水平的家庭，我们通过实践分析，采取了多种多样的方式与家长进行沟通，促进家园合作最优化。

面对配合型家长，我们积极鼓励他们发挥自己的特长参与幼儿园的各项活动，在活动中逐步形成科学的育儿观念，这样既可以调动家长的积极性，又保证了教学的顺利进行。面对被动型家长，我们采取成果汇报方式，主动汇报幼儿的进步，激发家长倾听的兴趣，让家长感受到我们重视他的孩子，便会乐意与老师交流沟通，从而变被动为主动。

除此之外，我们还会把握每次与家长交流沟通的机会。如在家长接送幼儿之际，我们与其交换幼儿在家与在园的情况，及时发现问题，共同商讨解决的方法。如果需要长时间的交谈，我们会根据需要与家长约定时间，做好进一步沟通的准备。

家访是我们每学期必做的一项工作，通过家访可以了解不同幼儿在家的生活表现、成长过程、个性发展情况等，这样，家长工作做起来也会更得心应手。

家长园地虽然是比较常规的家园联系方式，我们也会充分利用起来，精心设计"七彩童谣、童心世界、心灵沟通、家园驿站、温馨提示"等版面，而且每周都及时更换内容，从细节使家长感受到我们的用心，逐渐得到家长们的关注。

四、共同建立幼儿成长档案

为了满足幼儿的个性发展，我们将调动家长对建立幼儿成长档案的积极性，向家长介绍幼儿成长档案的作用，宣传建立成长档案的好处，以获得家长的支持与配合。关于档案内容，我们设立了"小小的我""爱的传递""童言稚语""精彩瞬间""成长的足迹"等板块，在幼儿的成长档案里还为家长专门开辟了一些板块，如"快乐家庭""家庭趣事"等用于记载幼儿在家中发生的故事与趣事。

五、拓展家园合作"新空间"

幼儿教育不仅限于幼儿园教育，家园合作可以多方开发幼儿教育资源，幼儿园也应充分发掘家庭的各种教育资源。

家长的先进教育思想与成功的育儿经验和不同的职业背景，是幼儿园宝贵的教育资源。学会争取和善用家长资源，是建立家园共育的有效手段。我们一改过去仅把家长当作听众、观众的做法，把家长请进来成为教学活动的参与者。如角色医院游戏中，我们邀请当医生的家长来园向幼儿介绍医院的一些知识，丰富幼儿相关的经验；在对幼儿进行安全教育的时候，邀请在交通大队工作的家长来园为幼儿介绍交通规则，教幼儿学看交通标识，培养幼儿遵守交通规则的意识，学习一些自我保护的方法。

另外，玩具、图书资源的共享，也是对家庭资源的利用。如不少家长为幼儿购买了许多图书、玩具，希望幼儿能拓宽知识面、增强动手能力，但由于一些原因，常忽略和幼儿的互动，导致玩具、图书被幼儿乱七八糟地搁在了一边，有的甚至把书撕掉或折成纸飞机，这样会造成图书资源的巨大浪费。为此，我们在班上设置了一个共享区，请幼儿自带一本心爱的图书或一件喜欢的玩具到幼儿园与同伴分享，这样既有利于利用各个家庭中丰富的图书、玩具资源，又可以增强幼儿的责任意识，还可以提高幼儿交往合作的能力。

江苏省南通市海安市曲塘镇章郭幼儿园　高敏

幼儿园事儿真多

◆ **案例描述**

为促进幼儿全面发展，幼儿园、家庭应积极行动，协同发挥"双主体"在协同育人过程中"1+1>2"的合力作用。然而，家园协同育人在实践中屡屡遭遇困境，如家园之间的合作在相当大的程度上还仅仅是浮光掠影，家长和教师之间的契合度过低。就在刚刚，还爆发了一场"冲突"。事情是这样的，早上来园，辰辰爸爸和玲玲奶奶堵在门口要找老师理论。见他们气势汹汹，我赶紧上去询问情况。

玲玲奶奶说："一天天的幼儿园怎么这么多事儿，要配合这配合那，孩子都送幼儿园了，家长还得不到清静。"

辰辰爸爸阴着脸说："为什么后天的家长会非得爸爸妈妈来参加？爷爷奶奶就不是家长了吗？"

然后二人轮番说幼儿园的不是：

"每天入园和离园让家长当志愿者来值班，幼儿园就是在推卸责任。"

"该幼儿园做的事情为什么让家长做？"

……

现场一度气氛紧张，家长不给我解释的机会，更无法沟通……

◇ 案例分析

家庭和幼儿园是促进幼儿健康成长、获得知识的教育共同体，应构建幼儿园与家庭协同育人的有效途径，加强二者的衔接和配合，以促进幼儿的全面发展。以共同体理念支撑家园协同育人，可以将家庭教育和幼儿园教育高度融合起来，健全和完善家园协同育人的长效机制，进而提升家园协同育人的实践成果。但在实施协同育人中存在家庭参与不积极、幼儿园指导家庭教育不到位等情况：一方面，有家长认为教育幼儿是幼儿园的事情，对幼儿的教育不管不问或少管少问，也跟幼儿园缺乏互动，每当需要沟通时就不够重视或者应付了事。有的家长长期忙于工作，幼儿都交给爷爷奶奶接送，还认为让家长参与亲子活动是将教育幼儿的任务转移给家长，是不负责任的表现。另一方面，教师本身的专业能力有待提高，对家园协同教育的指导意愿不够积极，会有工作负担，有逃避心理，对家园协同育人的认识就停留在浅显阶段。

《纲要》提出：家长是幼儿园教师的重要合作伙伴，应本着尊重、平等的原则，吸引家长主动参与幼儿园的教育工作。基于新媒体技术的发展，幼儿园传递给家庭的信息日益丰富，传递速度渐快，但是家园协同育人的具体职责范围未得到应有的提升和拓展。一是家园协同育人理念未走进家长心里，未落到实处。在家园互动中，受传统习惯影响，幼儿园方面自带权威属性，往往占据着主导地位，家庭方面往往较为被动，导致家园沟通中以信息的单向传递为主，信息在双方之间双向互动和交流相对欠缺，存在不对等现象。二是家园协同育人面向的对象未落实到每一个个体，通常是当幼儿在上幼儿园的过程中或是在幼儿园发生了问题时，家园双方才会主动联系，日常的家园沟通与联系不够密切。种种原因导致家园协同育人形同虚设，没有发挥应有的作用。

◇ **指导策略**

一、以家委会为中心，多途径推动家园协同育人

我们组建了家长委员会，但没有使其发挥应有的作用，于是我们进行了调整，以家委会为中心，推动家长参与幼儿园教育的管理工作。继而发挥家委会的民主管理与民主决策作用，以家庭教育服务为抓手，提高家庭教育者的素质，争取家长对幼儿园工作的支持与配合。另外，我们还积极利用和拓展家园协同育人的多种渠道，重视开放日、接待日等线下沟通机会，注重微信、QQ、电话等线上的交流渠道，不断丰富家园协同育人的内容与形式。

家长的教育素养决定了家园协同育人共同体建设的质量，家园协同育人共同体给家长提供了一个重要的与他人交流互动的学习机会和成长平台，也是促进家园互动、帮助家庭更好地理解和影响幼儿的方式。作为教师，也要注重提高自身的专业能力，对家长进行专业性、体系化的指导，更新家长的教育理念，帮助家庭更好地助力幼儿的成长。

二、制订家园工作计划，建立家园协同育人长效机制

家园协同育人共同体的建设是一个长期的过程，需要家庭和幼儿园保持健康的沟通与合作关系，这样才能有利于家园协同育人共同体的动态调整；也需要建立起平等交往、协商对话的沟通机制，这是家园协同育人共同体规范化建设的基础。家庭和幼儿园是独立平等的主体，既不存在孰高孰低的隶属关系，也不存在孰强孰弱的控制关系。家园协同育人共同体对于家庭与幼儿园、家长与教师各自的职责也要作出具体明确的划分，避免出现推卸责任或任务冲突的情况。不管是幼儿园制订实施的年度工作计划，还是教师制订实施的学期工作计划、月工作计划等，都需要包含家园协同育人的内容，并要将其纳入日常教育教学与管理决策的工作计划当中。此外，教师还可依据实践中发现的问题，对所作工作计划进行调整与修改，从而实现家园协同育人工作的有序化以及长效机制的形成。

三、整合家园优势资源，增强家园协同育人共同体的凝聚力

新媒体技术使信息的传播更加多维化和即时化，信息的传播数量和质量得到极大提升，为家园优势资源整合提供了更多可选择的载体。数字技术的出现，为建设家园协同育人共同体资源体系拓宽了道路，我们以教育信息化为驱动和支撑，邀请了各领域专职教师、专家学者等，通过线上直播、报告会等方式，开展"如何理解幼儿"相关主题的经验交流会，并围绕家园协同育人录制系列主题微课，通过官方平台播放，提升家长对家园协作的认知水平和实操技巧。同时，我们还积极挖掘家长教育资源，利用家长的职业优势开设"家长讲堂"，定期邀请家长分享育儿知识和感悟，以促进家园协同育人共同体的凝聚力。

江苏省南京市五所村幼儿园 葛小雪

案例分析

给老师送礼

◇ **案例描述**

又是一年九月初，这几天，班级群里的气氛有些不一样，有家长在班级群里呼唤其他家长另加微信群，说是有要事讨论。神神秘秘的感觉让老师有些疑惑，难道最近班级工作有让家长们不理解的地方需要集体探讨？

三位班级老师仔细思考、分析，没有找到问题的答案。

几天后的放学时间，家委会的一位妈妈送来了三张礼券，说是教师节到了，全班家长感谢老师的辛苦，礼券是送给老师的礼物。因为放学时太匆忙，老师没来得及拒收，便开始忙碌。

第二天早上，班长老师把礼券还给家委会的这位妈妈，并且对家长们的心意表示了感谢，但是礼物不能收。

本以为这件事就这样结束了，却没想到老师又收到了快递，里面正是退回去的礼券。下午放学，班主任留下了家委会代表，经过深入沟通，这件事方才作罢。

◇ **案例分析**

给老师送礼，除了表示感谢，还有没有别的期待？一个班集体有二十多名幼儿，教师没办法像家长期待的那样对每个孩子都照顾得细致入微。就像在集体活动时，即使教师已经尽可能地多请幼儿来发言，可是没有办法让每个幼儿都能够有机会表现自己。然而在家长心里，总是希望自己孩子是被关注和特别照顾的那一个，即使自己的孩子不能够被特殊照顾，但也不能是被冷落的那一个。如果家长抱着这样的心态集体送礼，教师一旦收了就会失去自我，那么在教育教学中也将失去公平性，事事还得斟酌应对，这样的心态对幼儿的发展不利。遇到家长送礼，除了对家长的心意表示感谢，也要明确表明自己的态度——礼物坚决不能收。让家长看到教师的坚决，家长们便会打消送礼的想法。需要注意的是，教师也需要思考送礼的背后折射出的家长问题，力争建立和谐稳定、相互信任的家园关系，这样才能更好地促进幼儿的成长与发展。

◇ **指导策略**

一、公平对待，消除疑虑

人的眼睛只有一双，看见的往往是引人注意的人和事物，这也就使一些性格开朗、表现良好的幼儿常被老师关注，而低调的幼儿则容易被忽略，这样的情况会造成家长的不满。所以，在日常的教育教学和游戏里，教师除了关注积极表现的幼儿以外，也要关注安静、不喜欢发言、不积极表现自己的幼儿，让家长们感受到教师是公平对待每一个幼儿的，这样可以打消他们的顾虑，可以放心信任教师。

二、公开透明，减少误会

很多误会是因为不了解，因此，除了积极邀请家长参与幼儿园的教育活动外，那些常规的、家长看不到的幼儿在园的表现，教师应该使其透明化，如选小朋友当升旗手，就可以提前一天告诉全班家长要选小小升旗手的事情，公开竞选规则，让家长们心中有数，谁入选了升旗手并不是教师推荐和内定的。像这样需要涉及小部分幼儿参加的活动，都可以提前和家长沟通，让家长了解相关流程，这样公开透明的做法可以减少很多误会，有助于保持良好的家园合作关系。

三、科学引导，榜样示范

很多时候，老师忙于班级和幼儿园的各项工作，时间、精力均有限，此时便可充分利用家长委员会，使其发挥应有的作用，而不是形同虚设。教师可以对家长委员会成员进行科学引导，让家长委员会成员起到榜样示范的作用，做好与其他家长的沟通工作。教师也要及时跟家长委员会成员沟通近期班级会开展什么活动、活动中会有哪些精彩瞬间，让家长委员会成员当好班级的宣传委员，即使有个别家长因为不了解产生了误会，家长委员会成员也可以及时给出解答，避免产生矛盾。

四、重视并开展好每一次家长会

家长会是家长认识和了解幼儿园工作的一个重要途径，虽然教师注重与家长的每一次沟通，但沟通的内容并不系统且时间也较短，教师就需要充分利用好家长会这个重要途径，以专业、科学的角度和家长沟通工作内容，如幼儿需要从哪些方面得到发展、家长需要配合哪些方面的工作，这样既有利于幼儿园工作的开展，也可以让家长做到心中有数，既了解了教师的专业素质和责任心，又加深了对教师的信任。等到期末的时候，教师再利用PPT及视频的形式，把一学期的工作总结及幼儿的发展情况展示给家长，家长看到幼儿的进步和发展，会进一步对教师的工作产生认同感。

四川省成都市高新区和美实验幼儿园 刘冬梅

纽扣风波

◇ **案例描述**

"老师,你们班的家长在门口说有事找你!"一大早,幼儿园门口值班的同事打来电话。

我第一时间赶到幼儿园门口,禾禾奶奶看到我,急吼吼地说:"老师,我们家禾禾被欺负了!"

我赶紧问道:"禾禾奶奶,您先别急,可以说一下事情的经过吗?"

"我家禾禾昨天穿的衣服上有个漂亮的纽扣,晚上回去的时候发现没了,禾禾说是被班上另一个小朋友抢走了,那小孩还说不给她的话,也不准其他小朋友跟禾禾一起玩!"禾禾奶奶越说越气愤。

安抚好禾禾奶奶的情绪,我到班里喊来了当事人。

询问后才得知,原来是禾禾想要加入大家的游戏,主动提出送给那名幼儿漂亮纽扣。

禾禾奶奶推了一下禾禾:"那你为什么撒谎说是别人抢了呢?"

禾禾委屈地不吭声。

我把禾禾拉到一边询问后得知,禾禾说怕奶奶责骂把漂亮的纽扣送人。

原来如此。

我把禾禾的想法告诉了禾禾奶奶,禾禾奶奶有点尴尬,但嘀咕起来:"你们得好好管孩子,玩游戏还需要送'礼',别是非不分。"

◇ **案例分析**

　　幼儿从平行游戏水平向合作游戏水平发展，需要一定的人际交往能力来支持，教师在一日活动观察中需要注意观察幼儿间的交往情况，发现问题及时提供帮助，以促进幼儿人际交往能力的发展。在此案例中，禾禾选择了通过赠送礼物的方式来发展朋友圈，可以看出幼儿的交往水平有了新的需求，只是提出交往的方式方法比较单一。此次事件可能是禾禾害怕承担行为后果，说了谎引发的。但同时，禾禾的"撒谎"也说明了一些问题：禾禾的奶奶在询问禾禾纽扣的去向时在特定的氛围下让禾禾感到了紧张、害怕，害怕被责骂而不敢说真话，这间接反映了家庭教育观念有待改善。教师除了需要帮助家长了解幼儿行为背后的真正原因，帮助幼儿正视事情而不是逃避，还需要指导家长为幼儿的成长营造一个尊重、接纳和关爱的家庭成长氛围，引导家长学习科学的育儿方法，共同促进幼儿的健康成长。

◇ **指导策略**

一、加强家园间的联系，共筑家园桥梁

　　家庭是幼儿园的重要合作伙伴，幼儿教育离不开家庭的支持与配合。家长要信任教师，在信任的基础上发生小摩擦便会理性分析与对待，教师可以通过图片、视频等形式及时向家长反馈幼儿在园一日活动的各个环节及幼儿的表现，让家长熟悉教师组织活动的形式，也让家长了解幼儿在园活动的特点，从而看到教师的专业、认真、负责。信任是家园合作的基础，家长信任教师，才会用心配合幼儿园的工作，理解教师的难处。

　　幼儿园也可以组织家长开放日活动，让家长走进幼儿园、走进幼儿的活动，去更全面地了解幼儿，去发现幼儿在集体生活中的各种表现，去观察幼儿与教师的相处方式，学着在亲子关系中找到一个恰当的教育位置。教师也要向家长普及家庭教育的重要性，要为幼儿创造和谐、民主的教育与生活环境，因为紧张的亲子氛围不利于幼儿个性

的发展，且有碍于幼儿良好品质的形成。在幼儿身心各方面发育成长的关键时期，幼儿园和家庭需要密切配合，共同促进幼儿的健康成长。

二、多途径提升幼儿能力，促进幼儿健康发展

对于幼儿的"撒谎"行为，教师可以通过谈话、集体或者小组活动等多种形式来帮助幼儿正确认识"谎言"，并鼓励幼儿尝试主动承担责任，引导幼儿形成正确的是非观。当幼儿与同伴发生矛盾或冲突的时候，教师可以指导幼儿通过协商、交换、轮流、合作等方式解决问题，提高解决问题的能力。教师要做一个观察者和有心人，面对幼儿出现的交往问题与需求，要通过形式多样的活动，特别是场馆活动、户外活动等混龄活动来鼓励幼儿接触不同的同伴，扩大交际面，同时在与同伴的交往中提高交往技能，感受同伴间交往的乐趣。教师也可以借助绘本故事等开展集体活动或者小组活动，帮助幼儿通过生动有趣的故事情节学会跟小朋友交往，掌握交友技能。

江苏省海安高新区实验幼儿园 常林华

焦虑的小米

◇ **案例描述**

开学初,幼儿们来到幼儿园,他们到了一个新的环境,有的幼儿能高高兴兴地和小朋友一起玩,不哭也不闹;有的幼儿一看到妈妈走了便哭了起来,有的孩子被老师抱着哄着也就不哭了,有的却哭个不停,喊着要爸爸妈妈,不让爸爸妈妈走。

最开始的幼儿园生活,真的可以用兵荒马乱来形容。但两个星期后,大部分幼儿基本能够情绪稳定地入园,少部分幼儿象征性哭闹一下很快便会安静。但班里有一名幼儿,每天都是从头哭到尾,她就是小米。

经过和小米妈妈沟通得知,小米不止进幼儿园就哭闹不停,有时候在来幼儿园的路上就开始哭闹。

小米妈妈每次对小米各种忍耐,但谁知一连几个月过去了还是这样,愁云惨淡。而小米在幼儿园的一天活动中,也总是自己坐在一个角落里,饭也不吃,觉也不睡,脾气很倔强。

针对小米这种情况,班级里的几位老师高度重视,去小米家进行深入的家访。从家访中了解到,小米从小就由妈妈带,一直都没有分开过,对妈妈非常依赖。而且小米在家从来不吃饭菜,一直以来都是喝奶粉,事事依赖妈妈,一不顺心就发脾气、摔东西。

◇ **案例分析**

小米没入园之前跟妈妈几乎形影不离，产生了严重的依赖心理，面对陌生的环境与陌生的人，在生理上和心理上都会产生一定的压力。但像小米这种入园数月仍哭闹、焦虑的幼儿比较少见。这跟她严重的依赖心理有一定的关系，在幼儿园从早到晚面对的是陌生的老师、小朋友和周围环境，加上活动的相对不自由和一系列集体生活规则的约束，都会让她产生极大的不安全感。而她又缺少一定的自理能力，无法照顾自己最基本的日常生活，如吃饭、盥洗、穿脱衣服、上厕所等。由于班里的幼儿多，教师无法对每一个幼儿都照顾得很全面，这会让小米心理上产生很大的落差感，在幼儿园集体生活中就会感到受挫，从而一直被不愿意上幼儿园的情绪笼罩。当然，小米妈妈的焦虑情绪也对小米产生了影响，正是因为了解小米不能自理，所以就十分的不放心，而过分的担心就让小米更难安心，从而加剧小米的分离焦虑。

◇ **指导策略**

一、转移注意力，消除小米的陌生感

由于小米自理能力差，我们就从生活上给她更多的关心与照顾，让她消除顾虑，安心来幼儿园。每天小米来园的时候，我们积极主动地从她妈妈的手中接过孩子，笑着跟她打招呼、讲一讲温馨的话，带小米去她认为好玩的地方，引导她自己选择喜欢的玩具，在慢慢平静下来的过程中逐渐平复她焦虑的情绪。为了转移小米焦虑的情绪，我们还会采取听听故事、做做游戏等方式转移她的注意力，蹲下身子来跟她说说悄悄话，抱抱她，尽量缩小我们之间的距离，走进她的内心，帮助她打开自己的心扉，消除陌生感，从而使她愿意亲近老师。

二、积极引导，消除家长的焦虑情绪

我们会把小米的进步及时和妈妈沟通，让小米妈妈能及时了解小米在园的表现和幼儿园老师所做的工作，让小米妈妈相信幼儿园老师，从而学会放手。我们也会引导小米妈妈理解并接纳小米的焦虑情绪，小米在大声哭闹的时候，不要和小米讲道理，要学会梳理自己与孩子的焦虑情绪，采取一定的方法帮助小米信任老师，对幼儿园产生归属感。也可以和小米谈一谈在幼儿园的正能量的事情，消除小米对幼儿园的陌生感。

当然，更要培养小米的生活自理能力，小米已经三岁了，不能再一直喝奶粉，要引导小米吃健康营养的饭菜，有意识地逐步培养小米自己用小勺吃饭，会正确的咀嚼、吞咽，想大小便时要告诉老师，培养良好的午睡习惯，等等，帮助小米逐步建立并提高生活自理能力，减少小米因不会或不甘而造成不必要的忧虑和紧张。

家长要正确面对幼儿的分离焦虑，先要消除自己的焦虑情绪，才能正确疏导和帮助幼儿适应幼儿园，而家长的不放心和焦虑不仅帮不了幼儿，还会适得其反。当家长把幼儿送到幼儿园后，也可以和幼儿建立一个告别形式，并交代清楚会按时来接，这样会缓解幼儿焦虑和无助的情绪。但答应了幼儿就一定要准时来接，因为有分离焦虑的幼儿本来就有"不安全感"，如果承诺了准时来接却没做到，会加深幼儿的不安情绪。

三、提供一两个安抚物

安抚物是指可以安抚幼儿情绪的物品，可以是一个玩具，也可以是小毯子、小手绢，甚至可以是主要照料者的一件衣服。幼儿的安抚物是幼儿接触世界的一个良好过渡，可以帮助幼儿从全身心依赖妈妈顺利成为一个相对独立的人。当主要照料者不在身边或是幼儿进入陌生环境时，安抚物通常可以作为幼儿安全感的一个寄托。

安徽省合肥幼教集团新店花园幼儿园　秦晓

不午睡的乐乐

◇ **案例描述**

乐乐是个活泼开朗的小男孩,很招同伴喜欢,但在中午休息的时候有一件让老师头疼的事情,就是不午睡。每当午休时,其他幼儿慢慢进入梦乡或者是安安静静地躺在床上不影响其他小朋友休息,这个时候乐乐就开始"折腾"了。

"老师,你过来一下,我感觉我的胳膊痒痒的。"

"老师,你看我的鞋子好看吗?"

"老师,我想喝水了。"

"老师,我不想睡。"

"老师,我给你唱歌吧。"

……

今天午休时,老师例行检查,小朋友们陆续进入梦乡,乐乐招手让老师过去。"老师,你看看我的胳膊有没有问题?"

老师耐心地说:"乐乐,你的胳膊一点问题都没有哦,你要快点休息,不然下午没有精神进行活动了呢。"

乐乐开始在床上打滚,就是不睡,令人头疼。

经过和乐乐的家长沟通了解到,由于乐乐的父母工作非常忙,乐乐平时都是爷爷奶奶接送,爷爷奶奶教育观念薄弱,比较宠溺幼儿,平时在家乐乐说什么爷爷奶奶都答应,在生活中爷爷奶奶也很少批评乐乐，在这种家庭氛围下长大的乐乐以自我为中心、任性，有很多不良习惯。

◇ **案例分析**

幼儿教育是一个很复杂的过程，家庭、幼儿园只有通过双方合作，才能取得良好的效果。以家园共育为基础，对于培养幼儿养成良好习惯、巩固幼儿已经获得的良好习惯有着重要影响。

父母是幼儿的第一任老师，父母对幼儿的影响是潜移默化的、非常深远的，家庭教育是幼儿园教育的重要补充，只有两者相辅相成才能更好地促进幼儿的发展。家园共育下培养幼儿的良好习惯能有效促进幼儿社会性发展，为幼儿将来的学习和发展打下良好的基础。教师应帮助家长树立正确的育儿观念，很多家长面对幼儿的教育问题时束手无策，而家园共育可以增加教师和家长的沟通，教师可以向家长传达最先进的育儿理念，提升家长的教育水平，以便家长能更好地为幼儿的教育做准备。

早期习惯的养成是幼儿形成良好习惯的关键，对幼儿的一生有着深远的影响，家园需要通力合作，制定适宜的策略，帮助、引导幼儿养成良好的习惯。

◇ **指导策略**

一、*改变家长的教育观念*

父母作为幼儿的第一任老师，要有正确的教养观，要能够让幼儿适应科学、合理的生活规律，比如，用餐时间、睡觉、起床时间，以及生活中的细节，可以以图画的形式展示内容，贴在显眼的地方，通过这种方式让幼儿知道什么该做什么不该做，做得好要及时表扬与肯定。同时，家长也要以身作则，形成良好的榜样作用，要求幼儿遵守的，家长必须遵守，不能给幼儿错误的示范。

父母再忙也要抽时间陪幼儿，关注幼儿的发展，对于爷爷奶奶带的幼儿，父母要及时指导爷爷奶奶更新家庭教育理念，使教育目标一致，为培养幼儿良好习惯的养成做好各种准备。

另外，家长要积极主动地和教师沟通、联系，达成共识，形成教育合力，家园相互配合共促幼儿的健康发展。

二、加强幼儿园对家庭教育的指导

幼儿园作为教育幼儿的主体，要充分重视家园沟通与合作的重要性，提高自身的专业能力，能够对各种家庭教育问题做出专业的指导。可以为家长提供培训，通过讲座的形式提高家长的教育水平。如就幼儿生活习惯中存在的问题以及良好习惯培养等进行的专题讲座，家长不仅可以学习科学的指导方法，还可以听取其他家长的经验分享，用实践经验解决家庭教育中的实际问题。

幼儿园也可以组织各种形式的活动，让家长在活动中耳濡目染，意识到培养幼儿良好习惯的重要性，而家长则会在实践中主动出击，多渠道促进幼儿良好习惯的养成。需要注意的是，个体与个体之间由于性格等的差距，会在很多方面表现出明显的差异。家长在培养幼儿良好习惯的时候不要拿自己的孩子与别家孩子对比，要根据孩子的实际情况进行有效引导。

通过乐乐的事情，我们对如何培养幼儿的良好习惯及其重要性有了进一步的认知和了解。养成良好习惯是促进幼儿健康成长的重要途径，幼儿的习惯要从小培养，因为其会对以后的学习、生活产生重要的影响。同时也深刻地认识到要使幼儿形成良好的习惯，仅在幼儿园里是远远不够的，在家庭中也要有相应的要求，这就需要家庭与幼儿园形成合力，加强家园之间的沟通与合作，强化幼儿良好习惯的培养效果。

江苏省徐州市云龙区先锋幼儿园　姜衫卉

爱"打人"的霖霖

◎ **案例描述**

上午户外活动结束后,在回教室的路上,乐乐对教师告状说:"老师,霖霖用拳头打我的背。"

回到教室洗手的时候,又听见一个小女生对霖霖说:"你干什么呀!为什么打我肚子?我才不要和你做好朋友。"

到了下午区角游戏时间,霖霖走进美工区,没一会儿就听到美工区的萌萌大喊:"老师!霖霖把我的手抓流血了!"

一天之中,霖霖就被很多人告状,之前曾多次告知霖霖要与小朋友友好相处,可结果还是这样。

听着萌萌的哭声,教师跑过去询问缘由,萌萌边哭边指向霖霖:"他给我抓的,我就轻轻地摸了一下他的手,他用长指甲直接把我的手抓破了。"

给萌萌处理完伤口后,教师把霖霖叫到身边问:"为什么要抓伤小朋友呢?小朋友会痛的。"

霖霖说:"我就是想跟她玩玩,是她先摸我的手,我也就摸了摸她的手。"说着伸出手让老师看,霖霖的指甲略长。

关于霖霖动手推、打、抓别人的行为,教师和霖霖妈妈进行了约谈,霖霖妈妈对于霖霖的表现显得很焦虑,也很生气。她说自霖霖上幼儿园以来,她也经常收到来自其他家长的"告状"。霖霖妈妈经常强制性告诉霖霖不要打人，可是霖霖做不到。

我们在初步了解了霖霖家的情况后，又进行了家访，了解到霖霖有个读小学一年级的姐姐，性格强势，由于在幼儿园期间得过一场大病，平时家人对姐姐投入了更多的关注，常常忽略霖霖的感受和想法。霖霖的家人们都有着"男孩不能惯着养"的观念，如果霖霖犯错误，爸爸会用简单粗暴的方式直接大声呵斥，甚至动手。

◇ **案例分析**

《3—6岁儿童学习与发展指南》（以下简称《指南》）在社会领域中提到，人际交往和社会适应是幼儿社会学习的主要内容，也是其社会性发展的基本途径。幼儿在与成人和同伴交往的过程中，不仅学习如何与人友好相处，也学习如何看待自己、对待他人，不断发展适应社会生活的能力。

对于幼儿的成长发展来说，家庭教育和幼儿园教育缺一不可。家园要共同努力，为幼儿创设温暖、关爱、平等的家庭和集体生活氛围，建立良好的亲子关系、师幼关系和同伴关系。在儿童的交往中，有的幼儿存在一些问题，成为交友困难的儿童，他们往往被排斥或是被忽视。作为教师，应在幼儿期尽量帮助交友困难的幼儿，使他们逐渐被同伴接受。同时还要及时联合家庭力量，帮助幼儿改正不良行为。

从霖霖的种种表现来看，首先可以看出其父母不正确的教养观念。霖霖父母疏于对霖霖的教育和引导，加上姐姐的身体情况，霖霖在家中的一些需求常常被忽略。爸爸用简单粗暴的方式教育"男孩"，教育观念滞后。另外，霖霖也缺乏正确的交往技能。处于大班，多数幼儿会有固定的玩伴，也喜欢结交新朋友。霖霖有交朋友的愿望，可是缺乏恰当的交友方式。他在交往中出现的不友好行为，让小朋友认为他是一个爱动手打人的孩子，都不愿意跟他相处，这也是导致霖霖一直没有好朋友的重要原因。

◇ **指导策略**

一、指导家长树立正确的教育观念

有些家长听到老师说孩子打人了,不向孩子了解情况,直接对孩子进行惩罚,如指责或是打骂。这种不正确的教育观念在无形中助长了幼儿的攻击性行为,误认为做错事是可以通过打骂等行为来解决的。

要减少幼儿的攻击性行为,首先家长要以正确的教育方式来教育幼儿。在被告知霖霖打了小朋友之后,父母要向老师询问情况,了解事情的原因,要教会他正确解决冲突的办法和技能,引导霖霖了解与他人相处时要和气、有礼貌。

由于姐姐的身体原因,平时霖霖内心的情感需要长期得不到满足,要宣泄心中的不满时,也容易产生攻击性行为。霖霖需要与父母交流的机会,父母要抽出一定的时间来陪霖霖,与他谈谈心里话,听听霖霖内心的想法,同时也要引导姐姐用友好的方式与弟弟相处,从根本上解决问题。

二、邀请家长来园参观幼儿园活动

幼儿园是幼儿集体生活的地方,作为教师应充分利用这一资源,为幼儿创设交往的环境,使幼儿在这一大环境中树立交往的意识。在幼儿园活动中会有很多幼儿交往与合作的行为,教师可以邀请家长来园参观幼儿园的活动,学习正确的教育方法,促使幼儿之间建立起平等友好的关系,培养他们的人际交往能力,体验交往的乐趣。

由于霖霖与同伴之间的交往技能不是很强,为使他与小朋友之间友好相处,教师也可以安排一些游戏来改善同伴关系。例如,在活动室里设立娃娃家、超市、理发店等,让幼儿在扮演不同的角色中,不但能掌握社会行为规范,逐渐摆脱"自我中心"意识,而且能学习不同角色间的交往方式,进而逐步养成互相帮助的良好品质。这些活动鲜活、有价值,家长观摩了这样的活动后,会逐渐认识到幼儿与同伴交往的重要性，从而自觉纠正自身不正确的教育行为。

经过一段时间的努力，霖霖"打人"的行为有了很大的改善，在班级里也交到了好朋友。霖霖父母也表示，霖霖在家也能和姐姐友好相处了，家庭氛围越来越和谐。为了巩固霖霖取得的成果，家园之间保持着紧密的合作与沟通，我们经常利用视频、文字等形式记录霖霖的表现和变化，及时展示给霖霖的爸爸妈妈，让他们看到霖霖的进步。同时，我们还鼓励霖霖父母积极参与幼儿园组织的家长学校讲座活动，使他们进一步认识到培养幼儿良好行为习惯的重要性。

河南省郑州市金水区新建幼儿园 张帆 张艳歌

敏感的淘淘

◇ 案例描述

《纲要》提出：幼儿园必须把保护幼儿的生命和促进幼儿的健康放在工作的首位。树立正确的健康观念，在重视幼儿身体健康的同时，要高度重视幼儿的心理健康。作为教师，我们应给幼儿营造温馨、轻松的心理氛围，让幼儿形成安全感和信赖感，帮助幼儿学会恰当表达和调控情绪。但据调查发现，在生活、学习条件日益改善的情况下，心理脆弱竟然成了幼儿一个较为普遍的问题，他们会因为一点小事就出现过激行为，经不住挫折，心理很敏感。淘淘就是一个非常敏感的小朋友，她在受到批评或遇到挫折时，经不起失败，也不想面对失败，我们也说不得，否则就眼泪汪汪。她也特别在意小朋友与老师对她的看法，每天绷着神经，游戏时小心翼翼、吃饭时小心翼翼、与同伴交往时小心翼翼……淘淘敏感，跟自身的性格也有一定的关系，经过与家长沟通，了解到她在家里就不喜欢说话，比较内向，家长也为此事深受困扰。

◇ 案例分析

教育家陶行知曾说过："小孩的体力和心理都需要适当的营养，有了适当的营养，才能发生高度的创造力，否则创造力就会被削弱，甚至于夭折。"幼儿阶段是身体发育和机能发展极为迅速的时期，也是形成安全感和乐观态度的重要阶段。发育良好的身体、愉快的情绪、强健的体质、协调的动作、良好的生活习惯和基本生活能力是幼儿身心健康的重要标志,也是其他方面学习与发展的基础。案例中的淘淘敏感、拘谨、不爱说话,对别人的评价很在乎,害怕受到嘲笑和轻视,自尊心很强。这样的表现使得她做事小心翼翼,神经紧绷,很不快乐,也脆弱不堪。在挫折面前,更是缺乏直面挫折的勇气,经常选择逃避。面对这样的幼儿,教师需要及时与家长沟通与合作,共同采取一些相应的措施,引导幼儿健康发展。

◇ **指导策略**

一、帮助家长了解幼儿

教师要深入了解每个幼儿,对每一个幼儿的心理特征展开全面的观察、分析,进行教育时注意方式、方法。教师也需要帮助家长了解幼儿,分析幼儿的性格特征,以便"对症下药"。淘淘比较内向,教师需要指导家长了解内向幼儿的特点,如内向的孩子比较关注个人内心,并不热衷于参加人际交往活动。由于他们有很强烈的自我意识,所以身处人群中时,他们会格外在乎别人对自己的看法,也不轻易向别人透露自己的内心,心理活动比较多。了解了这些,需要家园协作为幼儿创设安全、温馨的心理环境,让幼儿知道犯错并没有什么,使其逐渐克服心理障碍。家长也要尽可能地挖掘幼儿的优点,使幼儿在生活中、学习中获得成就感,获得他人的认可、赞美,这些都有利于他们树立自信心。对于幼儿的评价,要多鼓励、表扬,敏感的幼儿太需要鼓励了,他们做事缺乏勇气。而对幼儿恰当的表扬能够让他们更加自信。

二、更新家长的教育观念

现在的家庭对幼儿的教养方式一般是"精养",幼儿能做的事也要包办代替。幼儿缺少锻炼的机会,没有经历过失败,怎么能够直面失败?幼儿在长期的养尊处优中,体会不到什么是苦、什么是累、什么是挫折，斗志在慢慢消磨。稍微遇到一点挫折，就不知所措，甚至意志消沉。幼儿好奇、好玩、敢于冒险的天性也被慢慢泯灭，形成了胆小、懦弱的个性。还有些家长在幼儿生活方面无条件迁就、溺爱幼儿，觉得幼儿年龄还小，但在智力学习方面，家长却格外较真，怕幼儿输在起跑线上，于是报了很多兴趣班，对幼儿抱的期望过大，这会让幼儿觉得很有压力，一旦达不到理想的效果，就会担惊受怕，导致幼儿心理敏感。

家长是幼儿的第一任老师，其言行潜移默化地影响着幼儿，家长的教育观念对幼儿良好品格的形成具有直接关系。家长在家庭中要保持健康、乐观的心态，也要相信幼儿的能力，让幼儿自己的事情自己做，给他们提供锻炼的机会，勇于试错。当幼儿遇到挫折时，家长应帮助幼儿认真分析挫折产生的原因，让幼儿懂得如何重新振作起来。家长也可以试着给幼儿创造问题情境，让幼儿获得应对挫折的方法，锻炼他们克服困难的能力。当幼儿经过自己的努力克服了挫折后，家长要及时肯定，让幼儿获得成就感，增强克服挫折的信心。最后，家长也要了解幼儿的发展规律，尊重幼儿的学习特点，不能盲目地让幼儿学习不符合他们年龄特点的东西，这有悖于幼儿健康发展的规律。

江苏省海安市长江路幼儿园　王晓娟

说"脏话"的奇奇

◇ **案例描述**

区域游戏活动开始了,奇奇在建构区和小朋友们一起搭建纸杯塔,纸杯越搭越高,渐渐地超过了小朋友的身高,奇奇拍着手高兴地说了一些不合时宜的"脏话"。

然然有些不悦地说:"奇奇,你说的是'脏话',是不礼貌的。"

奇奇说道:"我爸爸打游戏的时候就是这样说的。"

玲玲:"你妈妈不说你爸爸吗?"

奇奇:"没有啊,这不是'脏话'。"

然然:"你这样很不礼貌,不想跟你玩了。"

瑞瑞:"奇奇经常这样说,我们不要和他玩了。"

说着几个小朋友不和奇奇一起搭建纸杯塔了。

◇ **案例分析**

奇奇是中班幼儿,中班幼儿词汇量开始丰富,喜欢与家人及同伴交流,但表述还不够准确或完整。随着现代信息技术的发展,幼儿获取词汇的方式也更加丰富,除了通过与家人或同伴交流习得外,也有可能从手机、电视、平板电脑等途径习得新词汇。从案例中可以看出,奇奇说"脏话"主要是受他爸爸的影响。由于幼儿正处于学习口头语言的阶段,分不清语言的褒贬与好坏,对于"脏话"会存在好奇模仿的心理，他们甚至会将学会的"脏话"当作新的语言技能。面对这种情况，成人需要理性对待幼儿说"脏话"的行为，认真分析导致幼儿说"脏话"的原因，对症下药。

◇ **指导策略**

一、家长以身作则，树立良好家风

不论是幼儿园的一日生活，还是幼儿在家的家庭生活，都离不开语言交流。教师和家长要以身作则，注意自身的文明用语习惯，积极为幼儿营造良好的语言环境，培养幼儿良好的文明礼仪习惯。

教师可以引导家长树立良好家风，以便对幼儿形成潜移默化的影响。家风是家庭给幼儿珍贵的财富，文明的家风就像细雨润物，不仅为幼儿带来愉悦的身心体验及发展，也在时时刻刻为幼儿做着榜样的示范。在家庭中，可以制定家庭公约，家人共同努力，营造文明温馨的家庭环境及氛围，保障幼儿成长环境的健康、文明、和谐。

二、发现问题，及时引导

幼儿的习惯不是一朝一夕养成的，同样，纠正幼儿的语言习惯也需要教师和家长的持续努力。在发现幼儿说"脏话"时，教师和家长要抓好这个教育契机，帮助幼儿建立良好的语言习惯，告诉幼儿哪些词是不好的，别人听了会伤心，是不能说的。在明确告诉幼儿这个词是不好的后，我们也要把正确的表达方式告诉幼儿，当幼儿用正确的、文明的方式表达时，要及时进行表扬，强化语言习惯，帮助幼儿树立是非观念。

三、角色扮演，换位思考

在纠正幼儿说"脏话"的教育过程中，教师和家长可以利用幼儿喜欢的角色扮演游戏引导幼儿换位思考，从不同的角度感受说"脏话"这一行为带来的不好的情感体验。比如，可以利用故事盒子或者小动物手偶，选取幼儿喜欢的形象，创设一个特定的情景，也可以是幼儿最近说"脏话"情景时的写照，在情景中模仿幼儿的行为与表达，引导幼儿思考并说出听到这些表达后的内心感受，通过让幼儿自己说的形式进一步加深对说"脏话"这一不好行为的理解。在家时，家长更要把握契机，引导幼儿正确表达，帮助幼儿建立文明用语习惯。

四、绘本教育，润物无声

在通过多种方式引导幼儿建立文明用语习惯的过程中，教师和家长也要牢牢把握住绘本教育这一有利帮手。利用绘本优美的语言及精美的图画，全面帮助幼儿在无形的阅读体验中建构文明用语习惯。在平时的生活中，家长可以为幼儿挑选适合其身心发展规律及年龄特点的优质绘本，如《吃脏话的小怪兽》《为什么不可以骂人》等，帮助幼儿从中感受语言之美。通过绘本教育，幼儿可以受到潜移默化的影响，有助于其形成文明用语习惯。

家长与幼儿园之间的通力合作以及有效沟通，是促进幼儿发展的不竭动力。教师要帮助家长树立科学的教育理念，利用家访、家长会、入园离园交谈等多种形式，及时沟通幼儿在园与在家文明用语情况，针对幼儿在不同阶段的不同表现，不断探索出适合幼儿的教育方法和途径，以此将合力教育的价值发挥到最大，从而更好地提升幼儿文明用语发展水平，也促使家园双方统一教育理念，在幼儿文明用语培养过程中形成共识，携手促进幼儿身心健康发展。

河南省郑州市金水区新建幼儿园 武莘蓉 陈莉娜

由沟通暴露出的问题

◇ **案例描述**

《纲要》指出,家庭是幼儿园重要的合作伙伴,应本着尊重、平等、合作的原则,争取家长的理解、支持和主动参与,并积极支持、帮助家长提高教育能力。只有探索新型的、适应社会变化的家园共育新模式,才能不断开拓家园合作的广度和深度。基于这样的理念,我们深入研讨,确定了一系列提高家庭教育的指导方案,并形成文字材料发放给家长们学习,希望家园互相配合,进一步提高家园合作的广度与深度。但是发放下去的学习材料,效果反响平平,远不如预期。班级里的几位教师对这样的结果进行分析,又邀请几位家长代表进行了深入的沟通,希望找出症结所在。不同的家长代表,代表着不同的群体,在沟通交流中发现,有些家长虽然认识到幼儿家庭教育的重要性,但家长对幼儿身心特征的认识不足,致使他们对幼儿的家庭教育还处于一种"盲目追潮流"和"一知半解"的状态。他们更热衷的是学习网络上的家庭教育方法;有的家长认为幼儿生理和心理稚嫩,没有学习的能力,只需尽量照顾好幼儿的起居生活,满足幼儿的物质需要即可;有的家长则注重让幼儿学习"小学化"的知识,不想让幼儿输在起跑线上,所以对幼儿园制定的家庭教育指导方案不太认同……通过这次沟通,很多问题暴露了出来。

◇ 案例分析

　　家庭教育是人生教育的开始，幼儿园教育是学校教育的基础。在幼儿教育这项系统工程里，家庭和幼儿园可以说是影响幼儿发展的两大因素。如何做好家园联系工作，提高家长参与教育的主动性呢？我们汇总家长们在实际工作中的表现，不难发现，就任何一种沟通方式而言，家长参与的态度和行为都是不相同的，有积极主动响应的，有无奈被动参与的，也有漠不关心的。要开展个性化的家长工作，教师首先要了解家长。不同的家长对幼儿的期望不尽相同，对教育幼儿的看法也不尽相同。而且，家长们的气质类型不同、受教育背景不同、教育观不同等，这些差别使得他们对家园共育的态度和行为也会不一样。因此，教师要尊重家长的这些差异，要站在家长的角度来思考问题，要引导、帮助形形色色的家长共同担当起教育好幼儿的责任。

◇ 指导策略

　　一、与家长交流有效的育儿方法

　　普通家庭中，父母和幼儿之间的关系和谐、民主、平等，家长对幼儿的教养方法比较重视，对幼儿既给予尊重和自由，又有合理的要求，对教师的态度也是信任和配合的。与此类家长沟通谈话时，教师可以如实地反映情况，并主动请他们提出合作建议，及时肯定他们的合理化建议，并适时提出自己的看法，共同寻找适宜的教养态度。

　　二、对积极配合的家长热情回应

　　这些家长比较重视家庭教育和幼儿园教育，他们往往在幼儿身上投入的精力较多，对幼儿的期望也较高。他们关心幼儿，愿意主动与教师沟通，并能以较高的热情参与幼儿园的活动，能够认真学习教师整理的家庭教育学习材料，甚至还能提出一些中肯的意见和建议。面对这部分家长，教师要有足够的热情回应他们，及时对他们的建议、要求做出反应，双方积极互动，互相学习，不断优化家园合作形式与途径，满足他们对科学育儿的更高要求。

三、对依赖退缩型家长主动引导

有一些家长因为工作较忙,和幼儿的交流很少。他们一方面关心子女的成长和教育,充分认可幼儿园教育和家庭教育对幼儿产生的影响,但另一方面迫于工作和生活压力对幼儿无暇顾及。这部分家长往往把教育幼儿的任务交给老师,很少主动去了解和学习教育幼儿的方法,即使对幼儿园和教师有建议,也往往藏在心里,不去与教师沟通。针对这样的家长,教师要主动及时地向他们汇报幼儿在园的点点滴滴、普及科学的家庭教育理念和方法,并积极引导他们说出自己的看法和建议,对于好的建议要予以思考与采纳,让他们认识到家长在幼儿教育中的重要作用,不仅要重视家庭教育,也要积极地去践行。

四、对受教育程度不同的家长,采取不同的沟通策略

家长文化背景的差异使得家园沟通与合作面临着不同的挑战,在观察中发现,受教育程度较高的家长,教育观念往往会出现两个极端。一方面是对幼儿要求过于严格,甚至学习"小学化"的内容,违背幼儿的学习特点与身心发展规律;另一方面是对幼儿过于"尊重",认为幼儿要发扬个性,结果却不尽如人意。事实上,这样的家长缺乏的是一个参照系数,即幼儿的发展水平在群体里所处的位置。因此,与这样的家长沟通时,教师要引导家长了解客观的评价观和适当的教育理念,可以引导他们从整个年龄段的发展水平来确定自己孩子目前的发展情况,从而制定出科学、合理的教养方式。

对于受教育程度低的家长,他们的文化水平不高,看待问题和分析问题时会浅表化,不会主动去了解幼儿的年龄特点,不能发现和分析幼儿的个性化表现,所以在与教师沟通时常处于被动状态。教师要主动热情地与他们交流幼儿的情况,积极普及科学的育儿观与方法,制定浅显易懂又实用的家庭教育指导方案,让他们乐于学习,切实帮助他们提高教育幼儿的能力。

五、对溺爱型家长,要充分尊重他们

对于溺爱型家庭来说,幼儿是家里的"小太阳",家里的大人都

围绕着"小太阳"转,大大小小的事都包办代替,并且对幼儿的所作所为包庇、袒护。教师在与这类家长沟通时,可以采用"先褒后贬"的方法,先要充分尊重家长对幼儿的感情,并对幼儿的点滴进步做出真挚的赞赏和表扬,使家长在情感上能接纳教师的意见,然后再向家长指出过分溺爱幼儿对其今后的成长造成的危害,耐心热情地帮助和说服家长采用科学合理的育儿策略。

六、对放任型家长,要执着细致

有一些家长认为幼儿园是小儿科,对幼儿应该采取"无为而治",而且他们还往往认为自己的教育方法是正确的,即使有缺点也不在意,认为"树大自然直",对幼儿的教育采取放任自流的态度。在与这种类型的家长沟通时,教师不能因为家长的不重视就与他们保持距离,而是要充分展示自身的专业能力,从细微处引导他们关注幼儿,认识到幼儿教育的重要性。教师可以利用半日开放、作品展示等方式,让家长发现自己孩子与别人孩子的差距,从而引导他们看到幼儿身上表现出来的发展前景,逐渐认识到幼儿教育的重要性,从而接受教师提出的建议,认真学习科学的家庭教育理念和方法,积极配合幼儿园的工作。

七、面对高傲苛刻型家长,要自信从容

有一些家长,他们有一定的知识、能力、地位,他们非常重视对幼儿的教育,观察自己孩子要比教师更深入、细致,自认为自己的教育方法是最合适的,对教师的建议不屑一顾,甚至对教师还会提出一些苛刻的要求。对于这类家长,教师要用专业的知识、能力与之平等交谈与沟通,而不能因为他们的学历、地位比自己高而对他们唯唯诺诺。在沟通之前,可以做好充分的准备,做到胸有成竹,如实向他们反映情况,在听取他们意见时冷静分析,然后自信而大胆地阐述自己的观点,以自己的专业素养赢得他们的赞同。

八、面对冲动直率型家长,要微笑静听

冲动直率型的家长往往难以抑制自己的情绪,当他们认为自己的

建议不被认同或采纳时很容易把情绪挂在脸上。对于这类家长，教师要微笑应对，坐下来静静地倾听他们的心声，让他们感受到自己被尊重。等他们情绪有所缓和，教师再陈述客观事实，由此达到教育目的。

九、面对祖辈家长，要尊重为先

祖辈家长有着很多共同的特点：他们跟幼儿有隔辈亲，喜欢以经验代替科学，思想较为保守，不易变通。他们更关注幼儿的身体、饮食等生活方面的情况，对幼儿过于娇惯，很少关注幼儿其他方面的表现。对于祖辈家长的家教指导，教师要注意保持诚恳、尊重、亲切的态度，先做晚辈后做教师。在和他们交流幼儿的情况时，可以多采用一些自由的、随意的谈话，然后适时地普及一些科学合理的教养观念。这样，祖辈家长比较容易接受，也便于理解，能够让他们在潜移默化中提升自己的教育能力。

北京市顺义区港馨幼儿园　刘茜

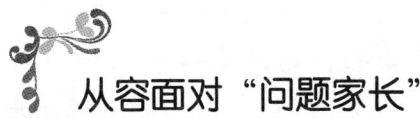
从容面对"问题家长"

◇ **案例描述**

某日,在一次欣赏展示作品的时候,元元由于站得比较靠后,看不到作品,情急之下将前面的东东推倒了。

班主任老师抱起东东,发现他眼角破了皮,马上把孩子送往医务室检查,并电话告知双方家长情况。

离园时,东东妈妈先进入班级,班主任告诉她东东并无大碍,只是眼角下方皮组织破裂了。

东东妈妈认为,男孩子之间磕磕碰碰很正常,并鼓励东东主动和元元说话。

但稍后到达的元元爸爸向老师了解情况后,非但没向东东和东东妈妈表达歉意,还一脸骄傲地说:"我儿子力气太大了!"随后便想带元元离开。

此时,班主任示意元元爸爸留下谈一谈。

起初,元元爸爸很不耐烦,认为小孩子的事情没什么大不了。

在与元元爸爸的沟通中,班主任先表扬了元元,指出他在活动中表现积极,元元爸爸脸上露出欣慰的表情,并开始侃侃而谈元元的表现欲。

在元元爸爸停顿的间隙,班主任开始询问元元平时在家的情况。

元元爸爸说元元平时在家会提出一些小愿望,大人一般都会尽量满足他。

班主任建议元元爸爸不要盲目满足幼儿的要求,这对幼儿身心健康发展不利,也会影响幼儿与同伴友好相处的人际关系。

一下子元元爸爸就爆了,很强势,甚至说话有些粗暴,元元是他们的宝贝疙瘩,说不得。

班主任知道元元爸爸只是护子心切,并没有恶意,便冷静地跟他讲道理。还向元元爸爸普及"延迟满足"这一概念,并提醒元元爸爸注意元元在幼儿园的交友情况。

元元爸爸逐渐冷静下来,但直到谈话结束,态度都很强硬。

◇ **案例分析**

家庭是人生中的第一所学校,家长是幼儿的第一位老师。教育幼儿需要家庭与幼儿园的紧密配合,而家园沟通是家园合作的桥梁,对幼儿个体的成长具有积极的推动作用。教师在与家长沟通的过程中,会遇到各种类型的家长,想要做好家长工作,就需要掌握一定的沟通技巧,灵活应对各种难题。案例中,元元的爸爸表现出了对幼儿的溺爱、态度强势与粗暴。面对元元爸爸的表现,班主任老师冷静地讲道理,虽然稳定了元元爸爸的情绪,但仍需进一步引导。家园合作离不开家长的配合与支持,家园目标一致,才能更好地促进幼儿的健康成长和良好发展。家长的处理方式不但与自身的教育理念相关,也与教师的沟通方式与沟通能力密切相关。教师只有明确家长的性格与行为特点,才能更有针对性地与其沟通,转变其错误理念。

◇ **指导策略**

一、以执着化解溺爱

对于家长溺爱幼儿的问题,家园沟通的关键在于执着。溺爱幼儿的家长一个明显的特点是"护短"。在他们眼中,自己的孩子是最棒的、最好的,能容忍孩子的一切,有时候还会向孩子渗透"不能吃亏"的观念。当幼儿之间发生冲突时，如果"吃亏"了，就会训斥别的幼儿，但如果自己理亏，也会帮幼儿找各种理由推脱责任。就像案例中元元的爸爸，将这次意外归结为元元力气大，而不思考元元动手的原因。这种溺爱的做法不但不利于幼儿的人际交往，还会使其以后在遇到问题时逃避责任，不利于幼儿良好品质的形成。

面对家长的溺爱，教师在与其沟通时需要有耐心，可以搜集相似案例，多次与家长沟通交流，让家长看到教师的用心，同时引起家长对溺爱幼儿的不良后果的重视。在与家长交流时应注意使用"欲抑先扬"的技巧，从肯定幼儿的优点入手，再旁敲侧击地让家长发现自己孩子和其他孩子的差距，从而引起家长的重视，自然而然地就会反思自己的行为。

二、以从容面对强势

在与家长沟通过程中，面对家长的强势，教师应从容、自信，将自己对幼儿细致的观察结果如实告诉家长，并做出客观评价，展现出自己的专业能力。家园共育意味着在幼儿教育中家长与教师的地位是平等的，教师虽然不是"绝对权威"，但也不能"唯家长命是从"。

对于气势强大的家长，教师要在尊重的前提下不卑不亢，可以用商量式口吻来应对，让他们认识到幼儿是有能力自己解决同伴间的矛盾的，成人不应过多干预，更不应该包办幼儿的生活，要注意提高幼儿的自理能力。对于这类家长，还应引导他们多与幼儿沟通，以便及时了解幼儿的内心需求，从而做出正确的回应与引导。

如果家长态度粗暴，可以先缓解其激动的情绪，以聆听者的态度先听家长倾诉。然后将心比心，娓娓道来。相信，教师的专业、从容、耐心，会使任何问题迎刃而解。

江苏省常州市新北区新华幼儿园　郑静

不做缺位的父亲

◇ **案例描述**

家园共育是幼儿园的一项重点工作，幼儿园经常会开展各种家园协作活动，营造家园共育的和谐氛围，以期能够推动幼儿教育的前进与发展。但在实际工作中发现，作为家长，父亲和母亲参与家园活动的比例严重失衡。比如新的一年，我们成立了新的家长委员会班子，但从成员结构看出，都是清一色的女性家长。而每次召开家长会、组织亲子活动、开展家长义工活动时，参加的也以女性家长居多，很少见到男性家长的身影，即使有幼儿的爸爸来参加，也是极少数，且基本是旁观者，很少能真正参与到活动中来，参与活动的爸爸们也很少主动与老师交流。基于此，我们专门召开了"爸爸家长会"，邀请班里所有爸爸来参加，会上我们普及了父亲在幼儿教育中的重要作用，还通过播放短视频的形式，使爸爸们意识到父亲陪伴幼儿的益处，不能做"甩手掌柜"，父亲在幼儿教育中的缺位是一种遗憾。本以为家长会后，爸爸们会注重参与家园活动，但在新举办的亲子活动中，来参加的爸爸并没有预想中的多。为了表示我们对此事的重视，我私下给每个爸爸发信息咨询不来参加亲子活动的原因，一部分爸爸表示工作忙没时间，一部分爸爸不回信息，让我们意外的是玲玲的爸爸，玲玲爸爸直接打电话过来吼道："小孩妈妈天天在家没事，我要经常出差，孩子上个幼儿园怎么这么多麻烦事，玩三年就过去了。"

◇ 案例分析

《纲要》指出：家庭是幼儿园重要的合作伙伴，应本着尊重、平等、合作的原则，争取家长的理解、支持和主动参与，并积极支持、帮助家长提高教育能力。

父亲在幼儿的成长过程中起着非常重要的作用，父亲对幼儿的智力发展、品格培养、社会心理以及勇敢、坚强、自信、乐观等性格的形成有着重要的影响。父亲作为家庭中的重要成员，是不可替代的重要角色。但在很多家庭中，对幼儿的抚养教育主要由母亲承担，在幼儿园家园活动中也很少见到父亲的参与，分析其原因：一是相当一部分父亲的思维还停留在"男主外，女主内"的传统家庭分工模式上；二是男性家长出差比女性频繁，加上需要很多应酬，无法像女性家长那样有精力投入幼儿的教育中；三是很多男性家长的懒惰，乐得做"甩手掌柜"；四是部分男性家长碍于性别，觉得与以女性为主的幼儿教师没什么可谈的，会觉得尴尬；五是一些男性家长不善言谈，不懂沟通技巧，抱着多一事不如少一事的态度。

考虑以上种种，除去因现实问题导致的爸爸们实在无法参与幼儿教育的情况，其他就需要幼儿园采取积极有效的措施解决"父亲缺位"这一问题。通过观念引领、情感融入、经验交流，引导父亲认识到自己在幼儿教育中的重要作用和应尽义务，使其能够与幼儿园配合，承担起教养幼儿的责任。幼儿园则可以通过活动体验、家长课堂等，推动爸爸们积极参与幼儿教育，密切亲子关系，在提高父亲育儿能力的同时，促进幼儿身心健康，全面发展。

◇ 指导策略

一、育儿讲座——观念引领，树立正确的育儿观

很多父亲在面对参与幼儿的教育问题时，感到无从下手，要不就是不积极，要不就是愿意参与，却不知道如何参与。幼儿园可以利用教育资源优势，让具有经验的、优秀的教师开展相关讲座，普及教育

新理念，通过现场答疑解惑，帮助爸爸们树立正确的育儿观，学习科学的育儿方法，帮助他们在与幼儿的相处中进步、成长。针对一些父亲工作忙的具体情况，教师要在育儿讲座中向家长指出，父亲在育儿过程中的参与，所需投入的时间量并不是最主要的因素，也不是要教给幼儿多少知识，高质量的陪伴是最好的教育。如果因为工作忙不能参加幼儿园举办的家园活动，父亲也要抽出时间在家陪伴幼儿成长，比如陪幼儿做游戏、看图书、做运动、做手工等，这些都是增进亲子互动沟通的好时机。

二、爸爸沙龙——经验分享，促进爸爸间的交流与进步

由于每个家庭的情况不同，家长的学历和教育背景也不一样。在家园共育中，幼儿园要善于组织爸爸沙龙活动，为爸爸们创设一个专门的育儿交流平台，鼓励爸爸们将生活中面临的育儿问题提出来，同时邀请在这方面做得比较好的爸爸介绍经验，大家一起交流、探讨，引发共鸣，有效促进爸爸们相互学习，取长补短，不断完善自己。

三、爸爸义工——活动体验，转变教育行为

在家长义工日中，我们专门设立了"爸爸义工日"，定期邀请爸爸们轮流走进幼儿园担任义工，观摩并协助配合老师组织幼儿的生活和学习活动，让爸爸在与幼儿之间的相互接触中亲身感受跟幼儿在一起活动的快乐，增强彼此之间的感情联系，同时体会教师照顾幼儿生活的辛苦，学习教育幼儿的态度和方式，帮助爸爸转变教育观念，有更多的耐心和更灵活的方法与幼儿相处，更好地参与到幼儿教育中来。

四、爸爸助教——各尽所能，提升教育能力

在亲子共育活动中，"爸爸助教团"是一种很好的参与形式，它可以挖掘爸爸们的优势资源，发挥男性家长所长，提升男性家长教育能力，这在一定程度上弥补了男幼师缺乏导致的不足。幼儿园要充分考虑到爸爸们的男性气质、职业特长等因素，因人制宜，与本班教育

教学内容相互结合，开展生动有趣的活动。如交警爸爸带领幼儿们认识交通标志，学习交通指挥手势，玩安全小司机的游戏；消防员爸爸带着幼儿们参观消防大队，认识各种消防器材，观看消防队员演练；爱运动的爸爸带幼儿们练习篮球、足球，开展幼儿球赛……在亲子共育活动过程中，爸爸助教们能够主动与教师沟通，认真准备，在活动时他们特有的语言、动作、态度和交流方式，能够给幼儿带来不一样的学习体验，受到了幼儿们的欢迎与喜爱。同时，成功的教育经验和创造灵感也增强了爸爸们对教育幼儿的信心，令他们品味了参与教育幼儿的幸福。

五、全家总动员——亲情陪伴，享受家庭的幸福

幼儿园还要创造机会，利用周末或者适当时间开展"三口之家一起玩"的活动，以此带动父亲在丰富的活动中享受家庭的快乐时光，用亲情感染父亲，使他们对幼儿的成长投入更多的关注。例如，在亲子运动会、亲子外出游玩、亲子手工、亲子童话剧等活动中，设计全家共同参与完成的活动，在三口之家为实现同一目标共同付出努力的过程中，幼儿可以尽情享受家庭的幸福与温暖，爸爸也可以在活动中获得更深切的感受，感受到陪伴的力量。

我们通过多种方式畅通家园沟通的渠道，为父亲回归家庭、回归亲子教育搭建了一个交流和学习的平台，促使每一位父亲都可以形成对应的育儿观念和育儿方式，并且将其真正付诸实践，提高父亲参加幼儿教育的意识，充分发挥父亲对幼儿成长的积极作用，形成良好的幼儿教育氛围，促进幼儿的身心健康能够全面和谐地发展。

山东省济南二机床集团有限公司幼儿园　程宏

趣味祖辈亲子活动

◇ **案例描述**

现在很多都是双职工家庭，幼儿多由祖辈抚养。仔细观察会发现，每天接送幼儿入园、离园，也多是祖辈家长，只有在有特殊需要的时候才有年轻家长出面。可见，祖辈家长也是家园合作的重要对象。为了促进祖辈家长走进幼儿园，参与幼儿园的活动，我们举办了专门为祖辈家长开展的一系列亲子活动。但是在亲子活动开展的过程中发现，很多项目都是由幼儿独自完成的，祖辈家长的身份变成了"听众""看客"。针对这种情况，我们仔细分析，初步认为这是因为祖辈家长的家庭教育观念没有更新。但是在与祖辈家长沟通的过程中却又发现，问题不仅限于家庭教育观念，还有很多现实问题。

超超奶奶说："你们那个制作手工作品的活动，我视力不好，看不清楚。"

玲玲爷爷说："表演节目的活动，我不喜欢，一大把年纪了也跳不动了。"

果果奶奶说："之前参与亲子活动都是果果爸爸妈妈参与，以后还让他们来吧。"

……

◇ 案例分析

亲子活动是联系家庭教育和幼儿园教育的重要纽带，能够促进幼儿更加全面健康地发展。但是，在现今家庭里，由于父母的缺位，大部分幼儿由祖辈家长代为照顾，但是祖辈家长更加倾向的是对幼儿的生活照顾，较少参与幼儿园的学习活动。因此，如何提高祖辈家长参与幼儿园活动的积极性，充分发挥祖辈家长的教育优势，成为幼儿园工作的重要任务之一。从案例中与祖辈家长的沟通中可以看出，一部分祖辈家长的教育观念有待提高，另一部分则是幼儿园的活动组织者疏于考虑现实问题而导致祖辈家长参与活动的积极性不高。不适宜的活动内容会降低祖辈家长参与活动的积极性，导致亲子活动成为幼儿的独自活动，带来的教育意义凸显不出来，对幼儿的发展所起到的作用甚微。基于此，教师必须要充分了解祖辈家长的教育背景、文化层次、性格差异、教育观念、现实情况等，采用不同的方式让他们积极主动参与到亲子活动中，从而有效提高亲子活动的质量，提升活动的教育价值，产生家园共育合力，促进幼儿全面和谐发展。

◇ 指导策略

一、"产生共鸣"提升参与兴趣

亲子活动是家长参与当下幼儿教育的重要形式之一，是实现家园共育的重要途径。通过亲子活动，家长走进幼儿园，可以了解幼儿在幼儿园中的学习与生活情况，增进亲子间的感情交流，从而促进幼儿全面健康地成长。祖辈家长作为家园合作的重要一方，教师需要指导祖辈家长更新教育理念，意识到自己也是家园共育的主体。

对于需要祖辈家长参与的亲子活动，教师要充分考虑他们各方面的情况和特点，选择适宜的内容，提高祖辈家长参与的积极性，并根据祖辈家长对活动内容的熟悉程度及时进行调整，促使其与幼儿在活动中形成有效的交流互动。如在"找朋友"活动中，祖辈家长对《找朋友》童谣耳熟能详，是他们感觉亲近的，我们以游戏的形式引发祖辈家长与幼儿互动，并随着活动的开展，活动形式从单一的祖孙互动调整为小组形式的祖孙互动，使整个游戏更有趣、更好玩。

丰富多样的活动形式可以让祖辈家长感受到自己也是活动的主角，能够真正参与到活动中，与幼儿"玩"在一起，"闹"在一起。当然，一些接"地气"的活动也深受祖辈家长青睐，如"菜场"活动中，幼儿在祖辈家长的带领下，在"菜场"自主买菜。对于祖辈家长来说，"菜场"是他们熟悉和了解的生活场所，能够以轻松的状态参与到活动中，而他们良好的状态能够潜移默化地影响幼儿参与活动的积极性，为亲子活动的开展创设轻松、愉悦的活动氛围。

二、"拓宽途径"发挥资源优势

《纲要》明确指出：家庭是幼儿园重要的合作伙伴，应本着尊重、平等、合作的原则，争取家长的理解、支持和主动参与，并积极支持、帮助家长提高教育能力。可见家园合作的重要性。通常，幼儿园举办亲子活动多以教师为主导，那么教师是不是可以发挥祖辈家长的资源优势开展行之有效的亲子活动呢？

我们根据班级情况，分析了解祖辈家长们的职业背景和专长，私下跟他们沟通入园助教的意愿，虽然开始有些祖辈家长比较排斥，但是看到有祖辈家长在幼儿园展示风采，其他祖辈家长也跃跃欲试了。他们用自身的专业知识及丰富的经验，帮助幼儿更好地获得教学活动以外的知识、经验，提高了幼儿的认知、扩大了幼儿的视野。入园助教成功了，我们建议祖辈家长策划、组织亲子活动，祖辈家长认真地、积极地出谋划策，他们开展的亲子活动，提升了幼儿参与活动的专注度，这也为祖辈家长开展活动树立了自信。

由于生活经历、文化历史等原因，许多祖辈家长身上保留有优秀的传统美德，教师要善于发现祖辈家长身上的这些"闪光点"，把握机会，充分发挥，并以此作为幼儿园德育内容的有效补充。如在开展"我爱我的家乡"亲子活动中，为了让幼儿深切感受家乡的变化，我们邀请祖辈家长讲述他们年少时家乡的面貌和文化习俗，使过去与现在形成鲜明的对比，直观感受家乡的发展。其中一位祖辈家长还向幼儿们展示了捏面人的传统手艺，让幼儿体验到不一样的文化魅力，更愿意学习祖辈家长爱家乡、传承传统文化的美德。

上海市嘉定区迎园幼儿园　曹妍

自助式家长沙龙

◇ **案例描述**

《中华人民共和国家庭教育促进法》的正式实施,说明家庭教育越来越受到重视。为此,我们设立了"家长学校",向家长传播家庭教育法规、政策,帮助家长树立正确的家庭教育观念,掌握科学的家庭教育知识和方法,提高家长科学教育子女的能力。但由于形式单一,家长们的兴趣并没有被激发出来。基于此我们又开展"家长沙龙"活动,希望其成为家园沟通与联系的一个重要平台。但在执行中也没有想象中的顺利,我们组织家长会跟家长们交流沟通想法,贝贝妈妈说:"家长沙龙这个形式挺好的,就是每次的话题无法充分展开讨论,也不知道可以说什么。"

昊昊爸爸:"每次讨论的问题都不了了之,感觉没什么意义。"

超超奶奶:"就是,别浪费大家的时间。"

贝贝妈妈:"其实可以结合当下的实际情况选择合适的热点话题,不然家长们会觉得迷茫。"

……

◇ **案例分析**

家庭教育是素质教育的重要场所,家长需要了解3—6岁幼儿学习与发展的基本规律和特点,了解幼儿学习与发展的合理期望,让幼儿度过快乐而有意义的童年。幼儿的学习与成长不是独立建构的，是在与家长、教师、同伴的相互作用过程中不断累加的。了解了家长沙龙的不足之处，我们从存在的问题、原因分析，以往家长沙龙的内容都是教师决定的，全程都是教师在把控节奏，内容都是固定模式，家长参与，很少发言，效率低下。于是，自助式家长沙龙的想法应运而生。我们尝试通过自助式家长沙龙来推动沙龙活动的实效，注重从家长的实际需求出发，让家长参与沙龙活动后吸收具有操作性与实效性的方法与策略，实实在在帮助家长提高家庭教育能力。

◇ **指导策略**

一、以家长的内在需求为原点，建构"自助菜单"

在学期初，我们通过发放"问卷调查""问题征集单"等方式找到家长沙龙活动的生长点。通过了解三个年龄段家长育儿的困惑和问题，梳理出各年龄段家庭教育中的共性问题和个性问题，制定相应的"自助菜单"，供家长自主学习、自我提高。在沙龙活动开展前家长可以结合自身情况自助选择要参加的主题，既可以在活动中学习其他家长的经验，又可以为有问题的家长答疑解惑，形成良好互动。而在学期中，我们通过"育儿难题投递箱"栏目的设置，随时收集家长在家庭教育中遇到的难题，及时梳理、制定指导策略，并根据实际情况将新问题、新方法放入"自助菜单"中，保证自助式家长沙龙活动的高质量开展。

二、以家长的问题导向为载体，建构"自助形式"

家长沙龙活动是帮助家长更好地引导幼儿、教育幼儿，提升家长家庭教育技能技巧，除了建构"自助菜单"，我们还应注意建构"自助形式"，将家长沙龙以多种形式呈现出来，提升实效性。

家长按照自己的需求自主选择"菜单"中的话题报名参与，在沙龙活动中通过与家长对话引发家长的思辨，让参与的家长集体探讨，从互动中获得相应年龄段的应对策略和实施方法，切实帮助家长解决育儿困惑。我们还将家长们的心得进行梳理，建立家长沙龙"资源库"，供后续家长遇到此类育儿困惑时进行自主搜索，获得相关案例资料进行持续性学习。教师作为倾听者，要根据家长反映的实际情况灵活进行现场结对，促使有问题的家长的问题得以快速解决，教师也可适时参与到家长的话题中，让教师与家长、家长与家长有深入的沟通机会，从而寻找出更多切实可行的方法。

游戏互动可以提高参与者的体验，让家长通过沉浸式操作幼儿的区域材料，在摆弄中了解玩法、在思考中创新玩法、在交流中回顾自己在家庭教育中遇到的问题，领悟教育、陪伴的真谛，学习与幼儿沟通的小技巧，从而提高家庭教育能力。

三、依托"自助式"家长沙龙，搭建活动共建平台

《纲要》指出，幼儿园应与家庭、社会密切合作，综合利用各种教育资源，共同为幼儿的发展创造条件。自助式家长沙龙中，教师要善于利用家长资源，充分发挥家长资源在活动中的沟通作用，力求在大家的配合与帮助下共建教育平台。如借助家长沙龙"资源库"，教师可以作为牵线人，为家庭牵线搭桥成立家庭间的帮帮团，家长之间互相帮助、互相解忧，共聊育儿经。又如，根据家长的自身优势，建设讲师团，通过家长助教形式，丰富家长沙龙活动的内容，不断提升活动质量。

自助式家长沙龙活动是有温度和深度的交流活动，没有讲课似的单项灌输，是轻松的聊天式谈话与交流，在与家长交流中收集家长在家庭教育中产生的困惑、问题、需求，并对收集的资料进行分析、梳理，形成切实可行的方法，使家长们的问题逐一得到解决。它是基于双方的需求自发组成的共同体，在这个共同体中，每一个成员都能充分调动自己的优势与资源，为幼儿的健康成长共同努力。

浙江省海宁市桃园幼儿园北湖园　胡叶琳

重要的互动式亲子阅读

◇ **案例描述**

现在的家长,越来越意识到亲子阅读的重要性,但践行得并不好,每当我们向家长推荐阅读书单时,总会听到一些抱怨的声音。我们对全园的幼儿家庭进行了"亲子阅读活动现状调查",结果显示不少家庭因为一些因素没有开展亲子阅读,即使开展亲子阅读的家庭,能够与幼儿在阅读中互动的也不多。

我们根据调查问卷的结果,分班级跟每个家庭进行了具体的沟通,在沟通中有家庭反馈缺乏科学指导幼儿阅读的方法,对于互动式的亲子阅读,虽然认同这个方法,但觉得太耗时间精力,觉得做不好,希望幼儿园理解。

◇ **案例分析**

图画书种类繁多,主题明确,涵盖面广,作为一种重要的教育资源,可以广泛运用到幼儿园和家庭中,成为搭建家园共育的桥梁。家庭亲子阅读是父母与幼儿围绕图画书展开观察、讨论、交流、创造的一种分享性、合作性、愉悦性的家庭化阅读活动。有效的互动式亲子阅读可以让父母、幼儿、图画书三者之间产生积极的相互作用,让幼儿在乐读、慧玩中激发阅读兴趣,开发多元智能,享受美好亲情,并推动家长自身素养和家庭教育质量的提高。针对案例中家长们的情况，需要教师进一步向家长普及亲子阅读的重要性，如果是精力不够的家长，可以根据实际情况开展亲子阅读，转变家长的教育理念，认同亲子阅读的价值所在。而对于缺乏科学指导亲子阅读方法的家长，教师则可以采取一些措施，进行有针对性的指导，提高家长开展并指导亲子阅读的能力，重视与幼儿的互动，使亲子阅读活动更高效。

◇ 指导策略

一、言语互动

在亲子阅读中，言语互动是常用的互动方式。在开展亲子阅读活动时，家长不必急于讲解，可以让幼儿作为"新书播报员"，通过自己的观察，说一说书中的人物角色，猜猜里面的事件情节，这样，不仅可以培养幼儿的自主阅读能力，还能提高幼儿对事物的想象与构思能力。当幼儿有了初步的感知和猜想后，家长可以与幼儿一同阅读，其间结合图书画面设置一些疑问，通过问答使幼儿进一步厘清画面和事物之间的内在关系，加深对故事内容的理解。当然，家长提问时要考虑到不同年龄幼儿的特点，低年龄段的幼儿适合提一些具体的问题，而大班的幼儿则可以提一些发散思维的问题。互动式的亲子阅读是双向或多向的，幼儿在倾听父母阅读的基础上，也可以交换角色，讲述给父母听或说一说自己的想法。

在常态化的亲子阅读中，可以适当带一些仪式感，比如定期举行家庭读书日或读书分享会，家庭成员之间互相分享、交流，提高幼儿对图画书的感受、欣赏能力。

二、角色互动

图画书由于符合幼儿的学习特点，深受幼儿喜爱，幼儿不仅可以阅读有趣的故事，也可以扮演里面的角色，加深对故事的理解。

角色互动适合角色形象鲜明、故事情节生动的图画书。在幼儿对图画书的情节、对话熟悉后，父母可以与幼儿进行分角色对话阅读，分角色时，家长可引导幼儿通过语气、语调、动作、神态表现出角色的个性与特色，深入理解角色形象及语言特点。同时，家长还可以与幼儿一起创设与作品相匹配的情境，协商分配不同的角色，通过情境表演来帮助幼儿进一步理解图画书的内容及其所表达的寓意或情感，大大增强阅读的趣味性。如亲子阅读《山丘上的约会》时，可以让爸爸扮演青蛙先生瓜瓜，妈妈扮演仙鹤小姐玲玲，宝宝扮演邮递员，故事就从邮递员手中的一封信开始……这样，家长与幼儿在角色互动中通过仿一仿、演一演，运用动作、语言、表情来充分表达自己对作品的理解，提高幼儿的口语表达能力及表演创造能力，让幼儿在乐趣无穷的角色互动中进一步爱上阅读。

三、行为互动

行为互动一般是发生在阅读前或阅读后的互动，往往容易被家长忽略，但是却对幼儿阅读时前期经验的积累或阅读后生活经验的提炼起到了非常重要的作用。同时，幼儿参与"慧玩"式的行为互动，可以有效挖掘图画书的多元价值，促进幼儿多元智能的发展。

家长可以在亲子阅读前自己先了解图画书的内容，利用设计记录表等方式列举需要准备和注意的事项，这样在亲子阅读时就可以充分利用前期准备，与幼儿充分互动，提高活动效果。家长也可以与幼儿一起进行阅读前的准备，如亲子阅读《小黑捉迷藏》前，家长可以带着幼儿去寻找生活中有哪些圆形的物体，它们藏在什么地方？找到后依次用图文的方式记录在记录表中，亲子之间用寻一寻、记一记的方式丰富前期知识经验，再来阅读图画书，会更加容易理解图画书的内容，感受更多乐趣。

幼儿图画书的种类丰富，不能只选择故事类的，也要尝试选择科学类、制作类的图画书，丰富幼儿的阅读体验。如《纸真好玩》是一本怎么和纸玩游戏的书，书中以说明书的形式讲述了多种制作纸制玩具所需的材料、制作步骤和玩法，家长和幼儿可以根据这些提示，与幼儿一起做一做、玩一玩，充分调动幼儿的感官，让幼儿在实践与操作中拥有阅读的多元体验。

家庭互动式亲子阅读作为亲子教育中的重要一环，其和谐有效的互动关系的形成，不仅对幼儿的终身阅读产生积极的影响，更对幼儿的性格、人格、心理健康的形成具有重大影响。通过互动式亲子阅读，家长可以了解幼儿的阅读特点，丰富幼儿的阅读体验，提高幼儿的阅读技能，使亲子之间的感情在互动式阅读中擦出更多的火花，让家长和幼儿在浓浓书香的熏陶下共同成长。

湖北省咸宁市直属机关幼儿园　阮琳

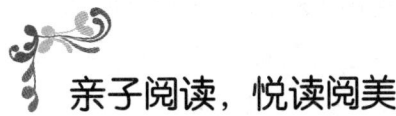
亲子阅读，悦读阅美

◇ 案例描述

亲子阅读可以促进幼儿的语言发展，也能有助于构建起更亲密的亲子关系，还可以促进幼儿学习和积累生活经验。新学期开始，我们举办了"亲子阅读，悦读阅美"系列活动，以此培养幼儿的阅读能力。我们除了重视在幼儿园开展亲子阅读活动，还建议家长在家里进行亲子陪读，以此帮助幼儿形成良好的阅读习惯。但总是有个别家庭不重视家庭亲子阅读，让他们上传亲子阅读书单和成果展示时也总不配合。

◇ 案例分析

《指南》中提到，幼儿的语言功能是在交流与使用语言的过程中逐渐成长起来的，培养幼儿的阅读习惯可以丰富幼儿语言表述能力与前书写能力以及开阔幼儿的视野。教育幼儿不止是幼儿园的事情，家园需要合作才能促使幼儿更好地发展，而亲子阅读可以有效培养幼儿的阅读习惯。随着生活节奏的加快，年轻的父母忙于工作，有休闲的时候又有依赖电子产品的习惯，亲子共读的机会很少，意识也微薄。而小部分家庭开展亲子阅读又存在着这样那样的问题，坚持性也较差。基于此，幼儿园有必要通过一些方法指导家长科学、有效地开展亲子阅读活动。

◇ 指导策略

一、创设良好的家庭阅读环境

家长要给幼儿创设良好的家庭阅读环境，要充分考虑幼儿的年龄特征，恰当利用适宜颜色的地垫、织毯、靠垫、小长凳等质感细腻的材料，然后加以设计，使幼儿的阅读氛围变得愉悦、温暖。也可适当摆放几个小玩具，或是恰当地设置几个小盆栽，让阅读氛围充满童趣。如果家里的空间足够，也可设计几个小帐篷、私人空间等，配合幼儿喜爱小空间的心理需要，这样可以调动幼儿对阅读的兴趣。需要注意的是，阅读环境的设计要减少干扰因子，须符合幼儿安全阅读的要求，如所使用的桌子、书柜、图书放置的高度应和幼儿的高度相符，有利于幼儿取放。

二、为幼儿选择适合的书进行阅读

不同年龄的幼儿具有不同的阅读特点，为幼儿选择适合阅读的书籍需要结合幼儿的年龄特点。

教师首先需要向家长普及不同年龄幼儿阅读的特点，便于家长有针对性地选择图书。如根据小班幼儿直觉行动思维的特点，可以添置有声书、洞洞书、触摸书、胶片书、立体书等不同类型的玩具书，增强阅读的趣味性；根据中班幼儿喜欢阅读富有戏剧性故事的需求，可以投放《我的幸运一天》《狼大叔的红焖鸡》等内容幽默、情节跌宕起伏的书；根据大班幼儿对于现实童话和超现实题材故事的阅读需求，可以投放具有创造性和科学性等特色的书，如《揭秘垃圾》《揭秘交通工具》等科普类绘本。

三、具备指导幼儿阅读的能力

指导幼儿阅读，首先需要家长提高自身的认知能力，幼儿园教师可以向家长普及《指南》中关于幼儿阅读能力发展所给出的建议：①3—4岁幼儿：能够主动要求成人讲故事、读图书；能听懂短小的儿歌或故事；会看画面，能根据画面说出图中有什么，发生了什么事等；能理解图书上的文字是和画面对应的，是用来表达画面意义的；喜欢跟读韵律感强的儿歌、童谣；喜欢用涂涂画画表达一定的意思；爱护图书，不乱撕、乱扔。②4—5岁幼儿：能够反复看自己喜欢的图书；喜欢把听过的故事或看过的图书讲给别人听；能大体讲出所听故事的主要内容，能根据连续画面提供的信息大致说出故事的情节；能随着作品的展开产生喜悦、担忧等相应的情绪反应，体会作品所表达的情绪情感；愿意用图画和符号表达自己的愿望和想法；对生活中常见的标识、符号感兴趣，知道它们表示一定的意义；在成人的提醒下，写写画画时姿势正确。③5—6岁幼儿：专注地阅读图书，能说出所阅读的幼儿文学作品的主要内容；喜欢与他人一起谈论图书和故事的有关内容；对看过的图书、听过的故事能说出自己的看法；能根据故事的部分情节或图书画面的线索猜想故事情节的发展，或续编、创编故事；能初步感受文学语言的美，愿意用图画和符号表现事物或故事；对图书和生活情境中的文字符号感兴趣，知道文字表示一定的意义；会正确书写自己的名字，写画时姿势正确。

围绕以上的要求与建议，家长需认真学习并运用于实践。

小班幼儿喜爱反复阅读，家长可以着重培养幼儿的阅读爱好和倾听能力。在亲子共读中，不要求幼儿能够复述完整的故事，可以向幼儿介绍图书的封面、封底、作者信息、故事简介，引导幼儿明白故事的主要内容，如绘本《蚂蚁和西瓜》《好饿的毛毛虫》的封面和封底就隐含着许多的信息，可以让幼儿重点观察，然后再与幼儿一起探索故事，读完故事可以与幼儿展开有趣的讨论，使幼儿了解主要的故事内容。

中班幼儿的看图兴趣和表达能力有较大提升，愿意和小朋友沟通，愿意复述故事，但缺少对情节连贯性的认识。亲子阅读中，家长可以与幼儿面对面或并排坐，引导幼儿仔细观察图画，然后关联前后信息来理解故事内容。家长也可以用对话式阅读的方式与幼儿探讨故事情节，这样可以锻炼幼儿的专注力、观察力、想象力、认知能力，并拓展幼儿的知识面。

　　大班幼儿各方面能力都有了大幅度的提升，也掌握了一定的阅读方法，能接受情节比较复杂、人物性格鲜明的故事。亲子阅读时，家长可以引导幼儿对故事情节转折处的画面做出细致的观察，并对故事情节的进展做出预期，这样可以培养幼儿的自主阅读能力。家长还可以引导幼儿通过绘画、表演等形式表现故事内容，促进幼儿的个性化发展。

　　家长陪同幼儿一起阅读、学习，这不仅是一种方式上的"亲子"活动，更是在思想、精神层面上的"亲子"沟通与交流。在指导幼儿阅读时，家长既要根据幼儿的年龄特点，又要考虑幼儿的心理特点，灵活把握，适时调整方法，让幼儿喜欢阅读，在阅读中提升各种能力。

江苏省常州市新北区孟河代英幼儿园　薛敏娟

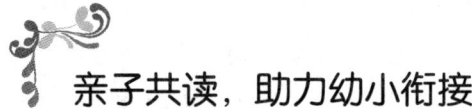
亲子共读，助力幼小衔接

◇ **案例描述**

大班幼儿面临着幼小衔接，培养大班幼儿的自主阅读能力，不仅能为他们升小学后接受正规的读写教育做好准备，而且能为他们的终身学习打下基础。但是在现在这个由电视、电子游戏、网络所构造的科技世界中，家长、幼儿与书本之间的距离越来越远，也由于工作的压力导致部分家长在家没有充足的时间陪伴幼儿进行亲子阅读，对幼儿的阅读兴趣及阅读习惯的培养不够重视。

针对此现象，我们发起了"亲子共读"项目计划书，为家长推荐详细的亲子共读书单，希望家园一致为幼儿营造热爱阅读的氛围，培养幼儿的阅读兴趣。但在实践中，很多家长流于形式，像完成任务似的录制视频"交差"，依然不重视对幼儿阅读兴趣的培养。对于这类家长，我们会进行深入的沟通与交流，反复强调培养阅读兴趣的重要性，否则会适得其反，使幼儿对阅读产生厌恶感。但有部分家长反馈：孩子喜欢看动画片，亲子阅读提不起他们的兴趣，对此很无奈。

◇ **案例分析**

《纲要》提出：成人要引导幼儿接触优秀的儿童文学作品，使之感受语言的丰富和优美，并通过多种活动帮助幼儿加深对作品的体验和理解。家庭作为幼儿园的重要合作伙伴，应该配合与支持幼儿园的工作，共同为幼儿的健康成长努力。激发幼儿的阅读兴趣，把阅读活动建立在他们感兴趣的基础上,这是指导幼儿阅读的关键。教师需要帮助家长掌握一些指导幼儿阅读的技巧,使家长在与幼儿共读的过程中感受到阅读的重要性,从而灵活运用各种技巧激发幼儿的阅读兴趣,提高幼儿的阅读能力,并从阅读中汲取知识、吸收营养,培养幼儿的各种能力,助力幼儿顺利度过幼小衔接阶段。

◇ 指导策略

一、点燃幼儿阅读的热情

阅读是幼儿成长过程中汲取外界养料不可或缺的渠道,家长要为幼儿创设良好的阅读环境,可以选择一块家里的空地布置阅读角,将幼儿感兴趣的图书内容进行张贴、放大,在这样的环境中激发幼儿的阅读兴趣。也可以提供一套打乱顺序的绘本图片,鼓励幼儿在看懂每幅图意的基础上,根据故事内在的逻辑规律以及自己对内容的理解,将图片按序排列,进行故事讲述,这样不仅可以锻炼幼儿的语言表达能力,还可以激发幼儿的想象力。

在与幼儿共读的过程中,家长可以与幼儿交流各自的感受、讨论故事的情节、回答幼儿的提问,使幼儿在交流过程中加深对内容的理解,启迪思维,进一步激发幼儿的阅读兴趣。也可以鼓励幼儿将自己爱看的图书带去幼儿园与同伴分享、交换,利用这种形式让幼儿可以看到更多种类的图书,提升其前阅读能力,且在交换阅读中对阅读产生浓厚兴趣。

如果有可能,家长可以与幼儿一起进行图书制作活动,让幼儿尝试做小画家、小作家,把自己想说的事画成一页一页的故事,或从废弃的图书上剪下自己需要的图片,幼儿口述后,请家长帮忙配上文字,加上封面、封底,然后订成一本书。这种自制图书,会让幼儿更加爱惜,也更有积极意义。

二、掌握指导幼儿阅读的方法

阅读能开阔幼儿的视野,提高幼儿的语言能力,培养幼儿的专注力，丰富幼儿的想象力。阅读能让幼儿的内心世界更丰富，更容易让幼儿成为自己心灵的主人，令幼儿更通情达理，也因此能带给幼儿安全感。深入阅读对提高幼儿阅读能力很重要，如何让幼儿在自然状态下逐渐学着深入阅读，就需要采用一些多变的手法。

1.角色诠释法：在阅读图书前，家长可以做一个内容中的关键性表情，通过关键性表情引发幼儿对图书内容的兴趣，为之后的阅读打下基础。

2.开头引入法：家长可以将图书内容的开头讲给幼儿听，激发其对图书内容的好奇心，促使幼儿大胆猜测之后的情节发展。经过自己的猜想再进行阅读，体会会更深，理解会更深。

3.结果告知法：在阅读前，家长先将内容的结果告知幼儿，引发幼儿无限的猜想——是发生了什么样的事件才会得出这一结果。这种方法可以让幼儿更加乐于回到书中细细阅读，发现其中的秘密。

4.细节观察法：在阅读的过程中，可以引导幼儿注意观察画面中的细节，从而深入地了解图书内容，使幼儿在深度阅读中培养细致阅读的能力。

5.表演法：家长可以与幼儿一起表演故事内容，通过再现书中的"剧情"，使幼儿能够更加深入地理解主题。

6.续编法：阅读后，可以引导幼儿对故事内容进行续编，在续编的过程中可以培养幼儿的语言表达能力，帮助幼儿展开丰富的想象，提升幼儿对阅读的兴趣。

7.亲子朗读平台：家长可以创设一个朗读平台，让幼儿作为朗读者和家长一起录制有声故事，并将录制好的视频传送至老师，老师利用课余时间分享给班里的幼儿，让参与录制有声故事的孩子获得成就感，同时在激发人人参与录制有声故事的行动中，为幼儿播下一颗"阅读"的种子。

浙江省海宁市桃园幼儿园北湖园　胡叶琳

信息化助力家园沟通

◇ **案例描述**

随着时代的进步和人们生活水平的改善，家长的职责和责任也发生了巨大的变化。家庭作为幼儿园的重要合作伙伴，家园沟通是家园合作的桥梁，我们对此非常重视，并通过多种渠道确保家园之间的合作顺畅、有效。但在长期的工作中我发现，家园之间的无效沟通仍然存在。例如，由于大部分年轻的家长忙于工作，爷爷奶奶便成了家园合作的主力军，这就导致老师一学期见不到此类家庭中的年轻家长一面。但父母的教育角色是不可替代的，有时候需要年轻父母配合的事情只能通过爷爷奶奶传达，而爷爷奶奶的传达有时候不一定到位，这就导致家园沟通与合作低效，甚至出现脱节的情况。

◇ **案例分析**

《纲要》强调，幼儿园必须与家庭和社会建立密切的关系，并努力创造有利的条件，让父母能够认可、支援和积极参与幼儿园课程的开发和落实。同时，幼儿园也应当主动协助父母提升家庭教育能力，通过家园协作，一同推动子女的发展。

教师如何做好与家长的沟通和配合进而在幼儿园教育工作中步调一致，是做好教育工作的必要条件。从案例中可以看出，各种因素导致了与年轻家长的沟通低效，而年轻家长又对幼儿教育起着不可替代的作用。基于此，教师可充分利用现代信息技术的便利，加强与年轻家长的沟通，即使不见面也能做到共同育人，让幼儿身心健康地发展。

◇ **指导策略**

一、有效运用校园网站

年轻的家长对于网络的使用比较熟悉，为了引起年轻家长对幼儿园教育以及幼儿全面发展的重视，我们充分利用起校园网，年轻家长只需在校园网找到幼儿所在班级，就可以看到幼儿在园生活、学习、游戏的照片，可以直观地了解幼儿在园一天的状态。我们也会有每日重点推荐的特色活动，比如开展"光盘行动"主题活动时，我将一些光盘行动的图片发到班级网站上，并配上简洁、上口的儿歌，帮助幼儿将光盘行动渗透到生活的点滴中，懂得爱惜粮食的重要性。通过这种方式的展示，年轻家长也会认同幼儿园的教育工作，从而更加关注幼儿的发展。

我们还在网站上设置了"家长园地""幼儿天地"板块。"家长园地"展示了由老师精心整理出的有益于家庭教育、亲子互动的相关知识与案例，便于家长尤其是年轻的家长学习，提高家庭教育理念，在家庭中能更加有效地引导幼儿全面健康发展。"幼儿天地"则是以幼儿游戏、幼儿讲述故事的形式展示幼儿的风采，激发他们的学习热情，也让家长们看到不一样的幼儿。

二、充分利用班级群

现在每个班级都有自己的班级群，教师通过班级群发一些幼儿们日常的活动花絮、作品，可以拉近家长与幼儿之间的距离。我们每周都会及时在群里分享育儿文章和家长的成功教育经验。班级群比校园网有更多的互动，家长们接收到的信息也更加及时，班级群成为了有影响力的家庭教育平台，它为家园合作提供了更加便捷的沟通渠道，也使年轻家长更加关注对幼儿的教育，群里经常可以看到年轻家长活跃的身影。假期的时候，我们也会鼓励家长分享家庭亲子活动或幼儿生活，每当家长线上分享幼儿的动态时，我们都会在群里认真、及时地一一点评，并鼓励其他家长也能与大家分享幼儿生活的点滴，这不仅大大激发了幼儿的表现欲望，也使家长的线上分享更积极、主动。

三、积极推广校园公众号

校园公众号每次发布的文章都是经过精心策划和编排的，内容更加系统、规范。幼儿园通过公众号平台建立了一座连接家庭与学校的桥梁，使得教师、家长和幼儿之间的沟通更加深入。家长们反馈会定点关注校园公众号发布的信息，还会提供一些建设性的建议，他们的教育理念在悄悄地发生改变。

假期里，我们会精心编排温馨提示，建议家长和幼儿一起制订每天的运动和游戏计划。我们还鼓励家长积极参与幼儿的游戏、运动、阅读、艺术创作等，培养幼儿的学习习惯。

为了更好地了解家长的需求，我们还会通过校园公众号进行调研，制定有针对性的家庭教育指导方案，并且会持续地跟踪和关注他们，与家长的联系更加紧密，年轻家长不再是"甩手掌柜"。

通过"信息化"的有效运作，使得家庭、幼儿园之间的互动更加紧密，双方都获得了更好的学习体验。信息化助力家园沟通更及时，它能够更好地满足各个阶段的家庭需求，更加全面地推动家庭教育指导工作，营造出更加优质的教育氛围，即使年轻家长没有时间亲身体验幼儿园工作，也可以通过以上信息化的交流沟通关注幼儿的发展，为幼儿园教育工作献计献策，使家园合作顺利进行。

江苏省常州市新北区孟河代英幼儿园　揭甜甜

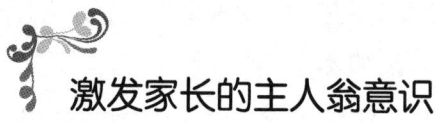

激发家长的主人翁意识

◇ **案例描述**

经过多年的探索，我们积累了丰富的家园沟通与交流的经验，每年会不定期举办与家长直面交流的咨询活动、幼小衔接讲座、入园分离焦虑讲座，以及定期开展的家长会、家长开放日活动、家长进课堂活动，等等。一开始取得了较好的效果，但由于家教指导的内容较为空泛，且形式固化，家长的积极性逐渐降低，配合度不如开始，交流沟通时也处于被动接受的状态，导致家园共育的现状显得低效。为此，我们设计了家长调查问卷，从家长的调查问卷汇总来看，家长对于家园共育的看法仍停留在表面，认为家园共育更多的是配合幼儿园工作，缺乏主体意识。

◇ **案例分析**

著名教育家苏霍姆林斯基说过："没有家庭教育的学校教育和没有学校教育的家庭教育，都不能承担培养人这个艰巨而复杂的教育工程。"幼儿园要高质量发展，就必须要发挥家庭、园所两大教育主体各自的优势，创设家园同频共振的育人环境，这对幼儿教育提出了更高的要求，高质量的家园共育工作也成为幼儿园的重要课题。为了突出家园合作中家长的主体意识，我们探索了一系列的方式方法，创生沉浸式家园共育模式，力求使家园共育的作用发挥到最大。

◇ **指导策略**

一、成立家长学校

我们首先成立家长委员会，向家委们颁发聘书，彰显我们对他们的重视。我们会每月召开家委会会议，进一步了解当前家庭教育、幼儿园教育、社会教育的理念和动态，共同商讨办好家长学校的措施和方案。

成立家长学校之后，为了使家长学校各项制度更加完善，我们深入家长群体调研，摸清他们的需求，然后让家委会发挥主体意识，进行各项制度的修改与优化，使家长学校逐步走向制度化、规范化。

不仅如此，我们还注重家长学校师资队伍的建设，创造各种学习与锻炼的机会，让家长学校的管理人员与骨干教师分批外出学习，开拓视野，增长见识，不断收集家庭教育经典案例，不断梳理相应的问题和教育需求，不断提高自身的专业能力，这其中，家委会起着重要的桥梁与纽带作用。每次的外出学习，我们也会邀请家长参与，以家委会为核心，辐射其他家长，共同提高，使教师和家长的教育理念、教育方法互相补充，发挥整体影响，形成教育合力。

而我们在设置家长学校的课程时，以问题和需求为导向，课程内容不仅涵盖了教育方针政策和相关法律法规、儿童身心发展规律、身体素质、心理健康、安全素养等基础课程，还针对不同年龄班、不同家庭和关键时段，设置了入园分离焦虑、幼小衔接一体化育人、不同年龄段的阅读和膳食营养等专题课程。课程形式多种多样，有集体的课堂培训、讲座、沙龙活动，有分散式的研学、个案分析式的交流，有线上视频、公众号推文的分享，更有零距离的现场互动。

二、鼓励家长策划活动

幼儿园丰富多彩的家园活动尽管受到了家长的欢迎，但往往是由幼儿园组织策划、发动实施。为了激发家长策划活动的欲望，我们启发家委会以项目为抓手，成立不同项目组，于是家长资源团、家长记者团、育儿沙龙团等项目组应运而生。项目组在策划活动时，家委们带头出谋划策,组员分工落实。比如,家长记者团想做一期幼儿园亲子春游活动的公众号推文,开始他们不了解幼儿园公众号的板块设置,家委会统筹教师向组员们做简单介绍,了解了功能后,组员们明确分工,通过自主采访、编辑整理、撰写发布,在多元的互动中最终形成推文,收到了良好的效果。

幼小衔接一直是家长们十分关心的话题,以往幼儿园邀请了不同的专家、骨干教师开展了相关的专题讲座。虽然家长们也学到了一些知识,但互动性不强,于是育儿沙龙团展开头脑风暴,针对如何更有效地培养幼儿的学习习惯,促进幼小衔接的主动发展,助推双向幼小衔接机制的完善与优化,提出了筹划小学和幼儿园的老师们定期开展互访互学的活动。如"你好,小学"主题活动包括"哥哥姐姐话小学"和"小学初见面"两个板块,旨在让大班幼儿能全方位地了解他们将来要面对的新环境、新生活。在"小学初见面"板块中,有参观小学的活动,不仅让大班幼儿参观了小学的各个教室、活动室,也观摩了小学生哥哥姐姐们上课的现场,促使幼儿对未来的小学生活充满期待。又如"消防车入校园"活动,项目组充分利用周边社区的教育资源,邀请消防员来园进行安全教育宣讲、紧急疏散安全演练等,增强了幼儿的安全自救意识与能力。

综上所述,我们在创生沉浸式家园共育的征程上迈出了坚实而有力的"第一步",家长们的主体意识与责任意识被有效地激发了出来。这也促使家园之间的沟通与合作顺畅又密切,家长更加关注家庭教育对幼儿的影响。日常生活中,家园之间互通有无,都是教育幼儿的主体,我们家园一致、齐心协力、互相协商,不断开拓创新,相信我们携手同行,将有力促使家园共育工作再上一个新台阶。

复旦大学附设幼儿园 陈冰讷

完成每一次小任务

◇ **案例描述**

进入大班后,幼儿们的任务意识虽然有所增强,但大部分幼儿的任务意识还是比较薄弱的,完成任务的能力还有待提高。

为了提高幼儿的任务意识,教师会偶尔让幼儿回家完成一些小任务,比如日常教学活动中适当给幼儿留一些小任务回家完成,或者带回执单回家请爸爸妈妈签字,或者玩亲子小游戏,或者进行亲子调查统计活动……但小任务的完成情况并不如预期,时常有幼儿忘记带单子回家,或者忘记把做完的小调查带回幼儿园,等等。每次的小任务总有幼儿因为这样那样的原因忘记做或没完成。

就拿最近一次的亲子小任务来说,尽管教师多次提醒,还是有幼儿没有完成。一经询问,还个个有理由:

"老师,我小任务做了,但是忘记带来了。"

"老师,我做了,但是我妈妈没有给我放书包里。"

"老师,我的单子掉了,没法做小任务。"

……

因为这个事,教师在幼儿离园时和家长沟通了情况,家长也是这样那样的理由,难怪每次的小任务都完成得并不理想。

◇ **案例分析**

幼儿时期是人成长发展的关键时期，任务意识是塑造幼儿品格的基础之一。具有一定的任务意识和规则意识可以帮助幼儿摆脱对大人的依赖。大班幼儿面临幼小衔接，初步养成良好的学习习惯、生活能力以及建立初步的规则意识和任务意识非常重要。但从案例中可以看出，幼儿与家长的任务意识都比较薄弱，家长对于怎样培育幼儿的任务意识不够重视，而幼儿又有事事依赖家长的习惯。教师需要及时做出有针对性的指导，让家长明白培养幼儿的任务意识需要家长、教师积极交流，携手努力。任务意识的培养可以加强幼儿的责任感，做事有时间观念，能够帮助幼儿集中注意力、培养做事的坚持性。

◇ **指导策略**

一、家园携手培养幼儿的任务意识

首先是让家长了解任务意识的重要性，家园携手一起培养幼儿的任务意识。如果布置的任务是简单的，教师可不将任务告诉家长，让幼儿向家长交代清楚应该完成的事情，这样可以培养幼儿的自主意识。幼儿的任务要自己完成，完成了任务，家长要鼓励幼儿，给予幼儿信心，让他们知道完成任务是一件很棒的事情；当遇到困难时，爸爸妈妈可协助完成。布置简单的任务不告知家长是为了不让幼儿过分依赖家长，避免家长包办太多，可以有效提升幼儿主动、独立完成任务的能力。

如果给幼儿布置复杂的任务，可以配合使用任务本来记录，小小的任务本有大大的作用。布置复杂的任务，教师可以提前告知家长任务信息，让家长知晓今日的任务内容，如果幼儿无法讲述出任务内容，家长可以依据任务本上的记录不经意地提示幼儿。但需要注意的是，家长要放手让幼儿自己去完成任务，自己的事情自己做、自己的任务自己完成，可以不必要太关注幼儿的完成质量，而在幼儿遇到困难时，家长可以做简单的示范，突出幼儿的主体性。

如果幼儿不想做小任务，老师和家长要提醒幼儿不完成任务会带来什么样的"后果"，让幼儿明白自己要为自己的行为负责。家长不能为幼儿的后果买单，要让他们明白不能事事依赖大人，否则不利于幼儿任务意识与独立意识的培养。

除了教师布置的小任务，家长也要有意识地在家让幼儿选择一项较感兴趣又能够长期坚持做的任务，比如扫地、给花浇水或给宠物喂食等。每次在幼儿完成任务后，家长及时给予鼓励和表扬，激励幼儿有再次完成任务的欲望，从而培养幼儿的任务意识。

二、通过记录任务的活动培养任务意识

为了巩固幼儿的任务意识，我们会开展一些记录任务的活动，丰富有趣的任务活动，不仅可以激发幼儿记录任务的兴趣，还可以提高前书写能力。经过一段时间的积累，幼儿们自觉形成了记录任务的意识，还会时不时主动问"老师，今天的任务活动是什么呀""老师，我画的任务你看看怎么样"，等等。

为了让幼儿对任务活动保持持久的热情，我们采用了循序渐进的记录方法，从最开始的一周记一次到一周记两次，再到现在一周记三次，而我们的目标将定为每日一记。这样日复一日的训练，教师在发布任务时，不用黑板出示任务单，幼儿就能一条一条地记录好要做的任务了。好习惯的养成需要靠坚持，持续性地开展这样的任务活动，相信幼儿们在任务意识的提高和完成任务能力方面都会有明显进步。

为了激励幼儿参与任务活动的持续性、坚持性，提高完成任务的积极性，我们还采用了教师评价、同伴互相评价、幼儿自我评价的方式来激励幼儿，同伴之间还相互分享各自的记录本，幼儿们可以互相学习，共同提高。

我们从中看到了幼儿在记录任务和完成任务中的成长，相信他们为即将到来的小学生活也做好了充分的准备。

四川省成都市高新区和美实验幼儿园　罗前

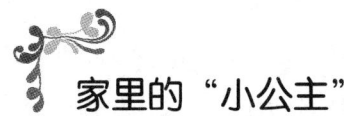
家里的"小公主"

◇ **案例描述**

欣欣是小班幼儿,在幼儿园中很少主动与人交流,她经常自己一个人玩,当有小朋友想和她分享玩具时,她经常拒绝别人,甚至有时会动手打人,当老师询问原因时,她会伤心地哭泣并表达不愿意分享玩具的意愿。久而久之,小朋友们都不愿意和她一起玩,还有小朋友害怕和她玩,她只有一个好朋友洛洛,当洛洛有事不能来园的时候,欣欣的情绪就会很低落。

今天在娃娃家活动时,欣欣把蔬菜玩具都放在餐桌上,桌子上放满了她拿的玩具,玩具柜上已经没有玩具了。别的小朋友过来拿玩具,欣欣大声地嚷起来:"这都是我的玩具,不能玩我的玩具!"

彤彤说:"这是娃娃家的玩具,小朋友们可以一起玩。"

欣欣"哇"的一声哭了,她边哭边推彤彤的手,说着:"你别抢我的玩具!"

彤彤说:"我没有抢玩具,我就是想玩这些玩具,你别哭了。"

欣欣继续推彤彤,彤彤无奈地走开了。

◇ **案例分析**

经过与欣欣妈妈沟通了解到,欣欣的家庭是一个六口之家,她的妈妈是教师,爸爸常年在外工作,她平时多由爷爷奶奶照顾,爷爷奶奶比较溺爱欣欣，存在包办代替的行为，在家欣欣不用表达自己的需求，爷爷奶奶就都办好了。她还有一个上小学三年级的姐姐，姐姐很谦让妹妹，什么好吃的好玩的都先让给妹妹，欣欣就是家里的"小公主"，这让她在幼儿园的集体生活中，不能友好地与同伴相处。小班的欣欣又正处于"以自我为中心"的年龄段，即以自己的感受为中心，不能换位思考，同时缺乏和同龄幼儿的交往，所以她还不能接受其他小朋友与她一起玩玩具，社会性发展水平有待提高。

◇ 指导策略

一、帮助家长树立科学的教育观念

家庭是幼儿成长的首要与关键场所，家长与幼儿具有的亲密关系决定了家长对于幼儿发展的重要影响。作为幼儿的第一任老师，家长需要具备科学的教育观念，担起家庭教育的重任。家庭作为幼儿园的重要合作伙伴，幼儿园教师要帮助家长提升家庭教育能力，共同促进幼儿的健康发展；可以向家长宣传幼儿教育常识、卫生保健、心理发展特点，以及相关法律法规对幼儿教育的导向作用，让家长熟知幼儿的发展规律，树立科学的教育理念。如教师可以整理《中华人民共和国家庭教育促进法》《指南》对家庭教育的要求和建议，以发放手册或者录制音视频的形式分享给家长们学习，让家长对家庭教育工作有一个更深层次的认识，从而与幼儿园教育达成共识，切实提高家园沟通与合作的效率。

二、为家长提供适宜的教养策略

幼儿正处于身心发展的关键时期，在传统的教育模式中，幼儿园是幼儿受教育的主阵地，家长的参与度不高。随着社会的不断发展，家庭教育的重要性日益凸显，但幼儿的年龄比较小，理解能力弱，单纯灌输道理不符合幼儿的学习特点。因此，教师可以指导家长学习一些符合幼儿学习兴趣的教育策略，形成家园联动，共同为幼儿的发展努力。

幼儿好模仿，家长可以利用这个特点在家和幼儿玩交朋友的模仿游戏，创设真实的场景来模拟人际交往的环节，使幼儿通过扮演各自的角色，体会被拒绝、没有玩具、大喊大叫的感受，在游戏中提升人际交往能力。

喜欢听故事也是幼儿显著的特点，绘本故事以自身丰富的图画内容和有趣的故事情节深深吸引着幼儿，被广泛运用于幼儿教育当中。阅读绘本故事不仅可以有效吸引幼儿的注意力，还能使幼儿在主动阅读的过程中开阔视野，发展想象力和语言表达能力。绘本故事有很多关于友谊、交往、互帮互助的主题，家长可以在家与幼儿一起阅读，如《我的兔子朋友》《敌人派》《好朋友》《月亮是谁的》《南瓜汤》《小羊和蝴蝶》《我有友情要出租》等，在与幼儿一起阅读时，可以通过故事里的角色对话，使幼儿感受交朋友的乐趣和重要性，从而掌握一些交朋友的技巧。

经过近三个月的家园沟通与合作，欣欣的社会性发展有了显著提高，她愿意和小朋友一起玩游戏了，能接受小朋友加入游戏的请求，她不再独霸玩具，有了好几个好朋友。

欣欣在幼儿园阅读区能够进行自主阅读，并遵守区域规则，甚至还嘱咐小朋友爱惜图书。在集体教育活动中，她也愿意表达自己的想法，得到了小朋友们的认同，社会交往能力得到了进一步提升。

现在，欣欣的情绪也比较稳定，很少因为一些事情闷闷不乐，有了不好的情绪能够主动寻求帮助，在老师和同伴的安抚下可以逐渐平静下来，大哭大喊的情况少了很多，动手打人的情况也没有了。

河北省定兴县幼儿园　马倩倩

让小班幼儿好好吃饭

◇ **案例描述**

小班幼儿生活自理能力差，尤其用餐的时候，不少幼儿需要教师喂饭，又有很多幼儿挑食，这导致每次小班幼儿用餐就像打一场硬仗。用餐时就如此费劲，更不要说其他生活自理能力方面的欠缺。针对这样的情况，班级教师重新整理新生入园时的调查表，对全班幼儿的用餐习惯进行归纳汇总，做到心里有数，以便在培养幼儿用餐习惯时能够做到集体与个体相结合，有针对性地对幼儿进行指导。经过一番整理，班级教师对幼儿们的用餐情况有了整体的了解，并在家长群里倡议家长跟幼儿园一起培养幼儿良好的用餐习惯，但回复的人寥寥无几。考虑到有的家长不方便看手机，班级教师充分利用家长来园接送幼儿之际与家长沟通此事，但家长们表现得并不积极。

◇ **案例分析**

学前期是幼儿个体发展的关键时期，在这一时期，幼儿的接受能力很强，可塑性很大。进餐是幼儿健康和谐全面发展的基础保障，教师与家长应高度重视，在家园共育模式下培养幼儿良好的用餐习惯。另外，用餐活动作为幼儿一日生活常规中不可缺失的环节，也是培养幼儿对食物、烹饪的情感以及提升幼儿任务意识、责任感的重要契机。然而很多家庭将重心倾向于幼儿的思维发展、智力水平提升等方面，忽视对幼儿生活自理能力的培养，尤其到了上幼儿园的年龄还需要喂饭，导致幼儿的独立意识很差。

◇ 指导策略

一、巧用音乐，减少哭闹

背景音乐可以缓解幼儿的焦虑情绪，在前期为了帮助幼儿缓解用餐的焦虑，保证他们每日营养能量的正常摄入，我们在幼儿用餐时播放一些背景轻音乐，让幼儿在舒缓的音乐中轻松用餐。《纲要》提出：家庭是幼儿园重要的合作伙伴，应本着尊重、平等、合作的原则，争取家长的理解、支持和主动参与。我们向家长们征集了每个幼儿在乐曲方面的偏好，并根据家长们的建议，形成班级歌单。随着时间的推移，班级的歌单越来越丰富，幼儿们在用餐时的哭闹情况随之减少。

二、巧设栏目，更新理念

为了带动家长配合幼儿园工作的积极性，我们成立了家长委员会，邀请家长委员会成员以合作者的身份参与和协助幼儿园的教育和管理。作为家庭与幼儿园之间的联系纽带，家长委员会对增进家庭和幼儿园间的信息传递起到了巨大的促进作用，也成为了家园沟通的桥梁。针对幼儿挑食的情况，我们策划了"亲子美食播报"栏目，教师会在每个周末将幼儿园的下周食谱发送到家委会群中，请家委会成员利用周末的时间选择要拍摄和介绍的菜品，要求家长与幼儿一起出镜，通过这样的方式帮助幼儿了解食物的营养价值。

当亲子播报视频在幼儿餐前播出时，引起了幼儿们的好奇与期待，看到大屏幕上熟悉的家人和同伴介绍食谱，他们更愿意认识和尝试这些菜肴。以点带面，在家委会亲子美食播报实验成功后，我们逐步推向全班家长，幼儿们对于这种形式介绍的食谱都表现出了热情，这样不仅完善了亲子美食播报的内容和形式，也使幼儿明白不能挑食，要科学饮食的重要性。更重要的是，这样也使家长树立了正确的饮食观念，以便于他们在家中更好地践行。

三、巧用视频，培养独立性

为了培养幼儿用餐的自主能动性，并且让他们有宽松愉快的用餐氛围，班级教师经过商议采用了自主取餐、自助取餐的方式培养幼儿独自用餐的能力。虽然刚开始不顺利，但经过一段时间的引导，幼儿们独立进餐情况明显好转，喂饭的情况没有了。看到幼儿们的变化，班级教师将这样的过程录制成小视频，然后发布在班级群里，让家长看到幼儿们的变化以及具备了的能力。有的家长看到后不禁感慨：终于摆脱了天天追着喂饭的困境。教师此时倡导家长要与园所的要求保持步调一致，也得到了家长们的积极响应。

四、巧用方法，培养良好用餐习惯

除了幼儿的饮食结构，用餐礼仪以及餐后整理也是需要被关注到的方面。《纲要》中明确提出了对幼儿饮食习惯的要求：安静愉快地进餐，正确使用餐具，饭后擦嘴，养成主动喝水的习惯，细嚼慢咽，咀嚼时不发出响声，不挑食偏食，不剩饭菜，就餐时不发出声音，不乱扔残渣，饭后收拾干净，等等。针对以上目标，教师通过一系列丰富的活动来培养幼儿的任务意识，帮助幼儿逐渐形成良好的用餐习惯。教师也在班级群中激发家长通过各种途径鼓励幼儿在家中做他们力所能及的事情，培养幼儿的责任感以及任务意识，并在班级中创设了"能干的我""擦嘴漱口示范"墙饰，将幼儿在家中和在幼儿园主动承担劳动的照片进行展示，用以激励幼儿。幼儿好习惯的养成，离不开家园的合作并进，只有家园教育一致，才能使幼儿形成的良好习惯更持久，从而促进幼儿的健康成长。家长也要学会逐步放手，让幼儿去尝试生活中方方面面的事情，让幼儿成为自己生活的主人，也为他们将来入学、入社会打下坚实的基础。

北京市大兴区第八幼儿园 刘兴蓉

"劳"之有趣,"育"之有方

◇ **案例描述**

家庭劳动教育对于幼儿的发展起着其他教育都无法替代的重要作用,但调查发现:当前家庭教育中存在过度保护和溺爱子女的情况,许多家长缺乏对幼儿劳动教育的重视,忽视了对幼儿劳动能力的培养,导致幼儿缺少应有的动手能力,没有劳动意识。针对这个现状,我们制作了相关宣传页,分发给家长,希望引起家长对幼儿劳动能力培养的关注,但效果不佳。于是我们邀请家委会代表就此事进行交流与沟通。

昊昊妈妈说:"孩子太小了,怕打碎碗、怕弄脏衣服,反而给自己增加麻烦……就不让他们做了。"

玲玲妈妈说:"玲玲奶奶啥都不让玲玲做,我们安排玲玲做的话还要遭到老人批评。"

默默妈妈说:"我们使唤不动孩子,太费劲了,就没坚持让孩子参与家庭劳动。"

依依爸爸说:"有时候孩子会接触到危险物品,缺乏危险意识,为了避免安全事故的发生,就很少让孩子参与家庭劳动。"

……

◇ **案例分析**

幼儿家庭劳动教育是指：在家庭中，家长为树立幼儿正确的劳动观念，培养幼儿的劳动能力，指导幼儿参与一定的家务劳动。其实幼儿并不是不愿意动手，而是缺乏参与家庭劳动的机会，家长对幼儿保护过度，包办代替了幼儿的家庭劳动，没有给予幼儿锻炼劳动能力的机会。加上家长在物质上尽可能地满足幼儿，幼儿所需物质得来的太容易，不知道爱惜，导致浪费，这些对幼儿的劳动教育和健康成长是不利的。这也反映出家长教育理念的滞后，没有意识到劳动对幼儿成长的重要性，才会以各种理由不让幼儿参与家庭劳动。有些家长虽然有这个意识，但对幼儿的指导又流于形式，幼儿没有参与劳动的兴趣，就无法真正形成幼儿自身的劳动能力。劳动是一种实践活动，幼儿的学习是以具体形象思维和直觉行动为主的，只有通过亲自参与接触才能理解和掌握。幼儿参与劳动实践能够有效提高自身的劳动能力。家长要学会放手，让幼儿去尝试、去体验、去学习，敢于让幼儿承担力所能及的家庭劳动，帮助幼儿树立"我会做""我能做"的自信心。

◇ **指导策略**

一、增强家长对家庭劳动教育的认识

增强对事物的认识，是人们充分认识事物和驾驭事物的前提。只有家长增强对幼儿劳动教育重要性的认识，才可能使幼儿家庭劳动教育状况得到改善。

动手劳动可以促进幼儿思维能力的发展，还能促进幼儿肌肉的发育和肢体的协调，增强体质。劳动也是促进幼儿良好道德品质形成的有效途径，幼儿在劳动的过程中可以感受到劳动的辛苦，体验到劳动结果是来之不易的，从而学会珍惜劳动成果，尊重劳动和劳动者，养成吃苦耐劳、勤俭节约等良好品质。

家长的教育观念直接影响着他们的教育行为，是实施家庭劳动教

育的关键。家长需要认识到劳动是创造美、表现美的一种形式，是提升各种能力的有效途径，而不应把劳动看成是生活中的负担。家长要树立正确的劳动教育观念，意识到劳动教育对幼儿的重要性，从促进幼儿健康成长这个长远的目标来考虑，积极引导幼儿参与劳动活动。家长也要让幼儿知道他们是家庭中的一分子，需要为家庭付出，从而促使幼儿萌发家庭责任感。

二、家长指导幼儿进行劳动的方法

由于家庭劳动对幼儿的体力和动作技能有一定的要求，而幼儿的认知能力、体力、动作技巧存在个体差异，更不同于成人，所以家长在引导幼儿做家庭劳动时一定要考虑这一点。家长应根据幼儿的实际能力提出不同的要求，挑选家庭劳动中对体力要求不高、动作技能适合幼儿的家庭劳动让他们做，否则会让幼儿觉得家庭劳动是可望而不可即的，也会让幼儿产生挫败感。

幼儿的劳动技能与他们的年龄大小、劳动经验多少密切相关。随着幼儿接触劳动层次的不同和劳动时间的多少，幼儿的劳动表现和劳动能力也就不同。因此，家长在指导幼儿做家庭劳动时，可以先让幼儿从自己力所能及的开始，如学习自己穿衣、自己吃饭、自己如厕、自己收拾玩具……以培养幼儿的自我服务意识为先，然后再培养他们为家人服务的意识。家长还可以和幼儿一起讨论：幼儿想做什么？能做什么？设计一份家庭劳动计划表，对不同年龄段的幼儿制定不同的家庭劳动目标。在幼儿获得初步的劳动技能后，要根据幼儿的发展需要，适当提高他们劳动的速度、难度和质量等。

当然，保障幼儿的安全是进行家庭劳动教育的前提。家长引导幼儿参与家庭劳动过程中，除了要让幼儿在劳动中得到锻炼，同时也要考虑安全隐患，避免存在不安全因素，如擦玻璃、拔插头、接开水等存在安全隐患的活动，需要家长特别注意。

在实施家庭劳动教育过程中，家庭成员要保持一致，杜绝一个家长对幼儿提出劳动要求，另一个家长"唱反调"，干涉、反对或代替幼儿完成等。家长还应该做到持之以恒、坚持不懈，对幼儿的家庭劳动教育不能三天打鱼两天晒网，要坚持要求幼儿凡是自己能做的事一定要自己做，今天的事一定要今天做，朝令夕改的家庭劳动教育会打断或打乱对幼儿的渐进式教育，久而久之就会让幼儿形成做事有头无尾、拖拉等习惯。需要注意的是，家长要求幼儿劳动，首先自己要是合格的劳动者，以身作则，为幼儿做榜样示范。

好模仿是幼儿的一大特点，他们常常通过"过家家"游戏，模仿家长洗衣、做饭、扫地、带娃等家庭劳动，这正是良好的教育契机，家长应该利用幼儿善于模仿的特点，培养他们的劳动意识，将幼儿无意识的玩耍引向有意识的劳动体验。

由于幼儿在体力和技巧方面还不成熟，劳动时常常会出现"帮倒忙"的现象，或者使自己受到伤害，这就需要家长教给幼儿正确的劳动方法与技巧，如擦桌子时，告诉幼儿要顺着一个方向擦，小心磕到桌角和椅子；洗袜子时，告诉幼儿要挽起袖子，以免打湿袖口；收拾碗筷时，提醒幼儿走路要慢；打碎碗盘时，不能徒手清理……相信通过这样一步步引导，幼儿的劳动技能会逐步得到提高。而面对幼儿的"失误"，家长要抱有一颗宽容之心，要用赏识教育的方法使幼儿产生劳动的成就感和满足感，激发幼儿参加家庭劳动的持续热情。

在家庭环境中，家长是幼儿最好的老师，家长的教育对幼儿的成长具有深远的影响。家庭劳动作为劳动教育的重要组成部分，家长应首先完善自己的劳动价值观，言传身教地教给幼儿基本的劳动技能。在培养幼儿劳动意识的同时，调动幼儿参与劳动的主动性，使幼儿形成良好的劳动习惯。

四川省成都市高新区和美实验幼儿园　刘冬梅

家园同步培养幼儿劳动意识

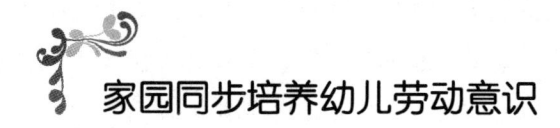

◇ **案例描述**

超超不喜欢劳动,每次老师布置一些劳动小任务,超超就耍赖不干。

毕竟已是大班幼儿,又面临即将上小学,老师觉得超超的状况需要引起重视。

班级老师找超超妈妈沟通,超超妈妈显得有些"护犊子",一再说家里没让超超干过活儿,衣来伸手饭来张口,更别说收拾碗筷了。

班级老师跟超超妈妈讲述大班幼儿培养各方面能力的重要性,超超妈妈最终还是以不忍心孩子动手为由,继续在家包办代替,让班级老师很是苦恼。

◇ **案例分析**

《指南》提出:教师可以通过劳动来提升幼儿能力,促进幼儿身心健康发展。大班幼儿即将步入小学生活,家园应共同开展劳动教育帮助幼儿提升各种能力,做好入学准备。在培养幼儿劳动技能的教育过程中,不但可以培养孩子的劳动意识、动手能力,以及任务意识和责任心,还可以间接提高幼儿的生活自理能力、学习能力、社会能力,这可以为幼儿顺利过渡到小学生活打下良好的基础,幼儿的劳动习惯也将逐步养成,独立性也将不断提升。家庭作为幼儿园的重要合作伙伴，要配合与支持幼儿园的工作，家园一致共促幼儿发展。

◇ **指导策略**

一、"放手"让幼儿参与劳动

现在的家长关注幼儿的智力发展较多，对劳动养成教育重视不够，加上幼儿年龄小，家长怕幼儿这做不好那做不好，多有包办代替的行为，这让幼儿参与劳动的动力不足。家长应敢于放手，在日常生活中鼓励幼儿进行劳动，提高孩子的动手能力和独立性，使之具备一定的生活技能。尤其是面对幼小衔接的大班幼儿，更应该培养他们的独立意识，鼓励他们做一些力所能及的家务劳动。例如，每天让幼儿自己准备第二天要穿的衣服，整理自己的物品和收拾自己的房间，等等，培养幼儿的责任感。积极鼓励幼儿去做力所能及的家务劳动，让他们知道打理好自己的事情是基本要求。当幼儿在劳动中出现问题的时候，家长可以帮助幼儿分析原因，共同探讨解决方法，使幼儿在解决问题的过程中获得自信。

在幼儿园，我们会将劳动教育渗透到幼儿的一日生活中。例如：每天幼儿来园，要求他们自己换鞋子、脱衣服、整理衣帽柜；吃饭时，自己端饭、添饭；起床时，自己整理床铺；离园时，自己整理衣服、小书包；等等。这样，幼儿在积极主动地参与日常基本生活劳动中，可以提高生活技能，培养劳动意识。

二、创造参加劳动的频次

幼儿在家庭中参加劳动，如果得到家长的认可会获得成就感，形成良好的自我评价，自信心也就慢慢树立起来了。家长除了要放手让幼儿自己的事情自己做，还可以创造更多劳动机会，增加幼儿参与劳动的频次，培养幼儿的自主意识。例如，家长下班回到家，很累，可以让幼儿协助完成一些家务，比如收拾家庭成员的衣服放进洗衣机，在成人的指导下学会使用洗衣机，培养为家人服务的意识。

我们在幼儿园，会在班级设置"劳动日"活动。"劳动日"这天，幼儿们清晨来园需要完成擦桌子、扫地、拖地、擦水台、清扫院落、整理玩具、打理图书等任务，为集体服务。在开展"劳动日"活动一段时间后，相信幼儿们能从原来的事事依赖成人逐渐变成能自己解决问题。"劳动日"不仅锻炼了幼儿手部肌肉精细动作，促进了手眼协调能力的发展，而且让幼儿学会了很多劳动技能，具备了集体荣誉感。

三、鼓励主动承担劳动任务

当幼儿具备了为家庭、为集体服务的意识后，可以划分一些具体的劳动任务给幼儿来培养其主动意识。如在家庭中引导幼儿把做家务当作是自己分内的一件事情来做，能够很有效地培养幼儿的劳动责任感，每天坚持负责倒垃圾、擦桌子、洗水果就是很好的劳动体验。适当承担家庭中的家务劳动，可以使幼儿初步养成认真负责、吃苦耐劳的品质，培养其主动参与劳动的意识。

在幼儿园可以设置"值日生"活动，让幼儿轮值。做值日生的幼儿需要负责好当天的劳动任务，如做老师的小助手、监督班级卫生、观察记录好植物角的动植物生长等，有值日生身份的"加持"，可以有效促使幼儿主动做事的积极性。有一次，班级植物角迎来了一只小蜗牛，每天的值日生都认真观察记录蜗牛的生长，一天天见证蜗牛的变化。他们会自主给蜗牛喂食、清理蜗牛的小房间，让蜗牛在一个健康、卫生的环境下生长。在值日生轮流照顾小蜗牛的过程中，他们知道了生命是脆弱的，喜欢小蜗牛就有责任照顾它，小蜗牛不是玩具，需要每天喂食、清理粪便、做记录等，幼儿们坚持下来了，在与小蜗牛共同生活了一个月后，幼儿的主动意识、耐心都得到了进一步强化。

需要注意的是，在家园同步开展劳动教育的过程中，家园要不断加强沟通，目标一致，共同促进幼儿的发展。不能在园一个样，在家一个样，幼儿的劳动教育要持续、长久，不可三天打鱼两天晒网；也要重视对幼儿劳动过程的积极评价，使其获得良好体验。

家园还可以共同开展一些劳动活动，如举办"小小劳模"活动，家长和教师共同担任评委，对幼儿在家在园的表现进行客观评价，激励幼儿积极参与家园劳动的热情。

通过家园协同共育活动，幼儿的劳动技能不断提升，各方面能力也得到了良好的发展。我们应不断挖掘家园共育中劳动教育的价值，注重体验、有效指导、大胆实践，运用积极的评价手段，促进幼儿的全面发展。

北京市通州区快乐时光幼儿园　李翠红

教育随笔

教育随笔

班级群里的冲突

家长是幼儿园重要的合作伙伴,幼儿园工作的有序开展离不开家长的信任和支持。时代在日新月异地变革,家长群体也在不断升级进阶。现在的家长学历普遍较高,对幼儿的教育也越来越重视,他们也更在乎幼儿学习的过程和快乐的体验,能够站在幼儿的角度来分析问题。

家园沟通是做好家园共育的桥梁,无论是教师与家长之间、家长与家长之间、家长与幼儿之间、教师与幼儿之间,都需要及时、有效的沟通与交流,保证良好的双向互动,这是做好家园共育的保障。

为了使家园沟通更为及时、便捷,班级都会建立班级群,教师在班级群里发布通知,家长可以第一时间看到。虽然班级群确保了信息沟通的及时性,但也带来了更大的挑战,对教师处理问题的能力也提出了更高的要求。

事情发生在开学第二周的周五晚上,涵涵妈妈突然在班级群里"@"浩浩妈妈,原话是这样的:麻烦这位家长好好管教浩浩小朋友,动手打人不是一两次了,家教问题请用心处理,之前就在学校沟通过类似的问题,这次我不再接受道歉。

涵涵妈妈的这条信息发布在班级群里时,班级教师和浩浩妈妈没有第一时间看到,有其他家长看到了,但没有盲目询问,班级群里静悄悄。

到了凌晨5点多,浩浩妈妈看到群里的消息开始回复:麻烦先问

089

清楚发生了什么事情，你这样说话是我们没有管教好孩子吗？小孩子之间吵吵闹闹本身就很正常。

为了防止矛盾升级，班级教师及时发布信息进行调节：两位家长好！幼儿教育是一个复杂的工程，周一我们来园面谈。小朋友之间发生了摩擦和矛盾欢迎家长来园了解情况，大家一起商量，共同进步。

虽然是周末，班级群里双方家长也没有再发信息，但教师还是慎重地将昨天发生的事情在脑海里一幕一幕回放，但没有涵涵与浩浩闹矛盾的画面。

于是，教师拨通了涵涵妈妈的电话了解事情原委。

涵涵妈妈是一个非常注重与幼儿交流的家长，尽管通常会工作到很晚，但她也会抓紧每分每秒和涵涵共享亲子时光。而涵涵是一位极其内向的幼儿，他的语言表达有些欠缺，讲话也慢。在有限的亲子时光中，涵涵妈妈帮涵涵擦澡，当擦到胸口时，涵涵说疼，这引起了涵涵妈妈的重视，问涵涵是怎么回事，涵涵说是浩浩打的。

教师对涵涵妈妈首先致以歉意，涵涵妈妈表示非常理解幼儿园的工作，非常琐碎，不可能面面俱到。

教师进而询问涵涵的受伤情况，涵涵妈妈表示当时涵涵喊疼，现在没多大事了。

在与涵涵妈妈的沟通中，教师能感受到涵涵妈妈虽然仍有怒气，但情绪算是稳定且理智的。然后老师站在涵涵妈妈的角度看待和思考问题，并热情邀请她周一面谈。

接着教师拨通了浩浩妈妈的电话，浩浩妈妈这边情绪非常激动，她认为小孩子之间的打闹是正常的，但涵涵妈妈在班级群公开发布消息对浩浩造成了恶劣的影响，作为父母很没面子。教师花了很大的力气进行了安抚，并保证在今后的学习与生活中，不会对浩浩"特殊对待"，会对每一名幼儿一视同仁，不会无端责怪。最后真诚邀请她周一面谈。

周一一大早，两位家长如约而至。

略显惊讶的是，涵涵妈妈没来，由涵涵爸爸代替。

班级里的两位老师将涵涵爸爸与浩浩妈妈分开，分别向涵涵和浩浩了解情况，家长旁听。

通过一番问话，事情浮出水面：浩浩邀请涵涵玩打人游戏，小家伙你打我一下，我打你一下，期间可能浩浩出手比较重，导致涵涵胸口有一点疼。

了解了事情原委，教师邀请两位家长面谈。

一上场，浩浩妈妈先发制人，情绪激动地说："你们这样在群里一说，我们浩浩就变成了爱打人的小朋友了，以后班里一有事情就会联想到我们浩浩了。"

涵涵爸爸说："做错了事情就应该承认啊，好好教育，下次不打人不就好了。"

浩浩妈妈："你说我们不会教育，我每天都会交代他好好和小朋友相处，遇事不要动手。"

涵涵爸爸："可为什么还是一直有打人现象发生啊？"

……

场面一度陷入尴尬。

教师适时介入调解："小孩子天性爱玩，在玩的过程中由于安全意识不足可能会导致小朋友受到伤害，家长要正确理解小孩子的天性与年龄特点，他们心智发育还不成熟，难免在判断什么该做什么不该做时会产生一定的误差。而且教育孩子是一项重大的工程，每个孩子都不一样，大家可以互相沟通，互助成长。在处理事情上，要站在双方的角度全面思考问题，及时、有效沟通，寻求最佳解决方案，让孩子健康成长是第一位的。"

双方家长沉默了一会儿，对教师的话表示认可。然后约定以后有问题及时联系对方，避免发生误会。

通过这件事，教师进行了反思，再次认识到与家长建立良好朋友关系的重要性，同时也要听取家长的合理建议，努力营造一个平等、轻松、愉快的交流环境。针对不同类型的家长，要进行分类管理，采取不同的沟通方法，而在与家长交谈、沟通时，既要掌握原则，又要学习家长的优点，从而形成最佳教育方案，为幼儿的可持续发展助力。

江苏省常州市武进区鸣凰实验幼儿园　董桂芬

从新手到熟手

家园沟通是达成家园合作的重要途径，幼儿教师应积极主动地与家长沟通，形成家园教育合力，共同促进幼儿的发展。良好的家园沟通是形成家园合力的重要基础，也是幼儿教师日常教育教学工作之一。但新手型幼儿教师在与家长沟通时，往往存在心理上的障碍和能力上的局限，这会对家园合力的形成造成不利影响。

我们是一个年轻的团队，朝气蓬勃但经验不够丰富，常常在心理上畏惧家园沟通，这是因为缺少家园沟通的实践经验，缺乏自信，怕说多错多，家园沟通压力大。这种畏惧心理有时候会导致出现躲避、推诿家园沟通工作的行为，如不主动找家长沟通，或当家长主动寻求家园沟通时，部分教师有依赖心理，会把经验稍微丰富的同伴推出去与家长进行沟通。

当然，也有新手教师对家园沟通持积极态度，但沟通的能力水平还有待提高。一方面，不清楚什么内容值得和家长沟通，习惯于顺着家长的话往下说，很少去思考家长的内心世界和需求，思维比较局限。另一方面，不知道该用什么方式跟家长沟通，有时候会词不达意，让家长误会和曲解，导致家园关系产生隔阂。

针对这些困难，我们积极寻求解决的方法，切实提高新手教师的家园沟通能力，帮助他们树立信心，增强底气，提高家园合作水平。

我们班有一名幼儿，叫心心。她平时在班里话不多，说话声音也轻轻的，但在一次绘本剧表演时，她饰演的"小兔"活泼可爱，台词也说得清楚、响亮。看到了心心惊人的舞台表现力后，我们决定在"钉钉"上找心心妈妈沟通，并做了充足的准备。在沟通中，我们还把心心表演的完整视频发给了心心妈妈，心心妈妈看了十分高兴，说："真没想到心心这么爱'演'，以后再有这样的机会，一定要让她多多参与，我和她爸爸也陪她排练排练。"

线上沟通已逐渐成为家园沟通重要的途径之一，不用和家长面对面交流，这在一定程度上也能减轻新手教师的紧张心理。线上沟通时，可以对沟通的内容再三斟酌，确认无误后再进行语音或文字的交流，而所发送的活动照片和视频又可以作为与家长沟通交流的补充和佐证。

新手教师不想做家长眼中的"小透明"，就要做好长期的家园沟通规划，一点点累积家长的信任。当然，与家长沟通不能仅仅局限于线上沟通，与家长面对面沟通时，也不能总是躲避与推诿，可以有意识地向经验型教师"取经"，学习他们的方法，认真观察他们与家长沟通的技巧，只有学为己用，才能变退为进、敢于实践，逐渐摆脱逃避心理，主动找家长进行沟通交流。

对于如何提高新手教师与家长沟通的能力，我们也在实践中摸索出了一些行之有效的方法。

有一次在与航航妈妈的沟通中，航航妈妈说："航航不爱看书，给他买的书他都撕烂了，静不下心来，这可怎么办呀！以后到了小学能跟得上吗？"

我们安抚了航航妈妈的焦虑情绪后，解释说："每个幼儿的兴趣点不一样，航航在幼儿园做手工就能静下心来，而且很有耐心，小朋友们都觉得他手很巧，也都喜欢跟他一起玩。家长可以从他的兴趣点出发，陪他一起阅读一些手工制作方面的书，慢慢培养他的阅读习惯，提高他的阅读兴趣。"

听了这些话，航航妈妈便放心了，也对我们的专业表示认可。

每个幼儿都是独特的个体，教师要用欣赏的眼光看待幼儿，并在家园沟通中有所体现。面对焦虑型的家长,切忌将幼儿进行横向比较。如果家长在言语间放大了幼儿的弱点,教师应该反过来引导家长发现幼儿的亮点或长处,表达自己对幼儿的欣赏,也让家长相信幼儿的潜力,给出专业的指导建议。

当然,教师不仅要用欣赏的眼光看幼儿,也要尝试用欣赏的眼光看家长。只要留心观察和倾听,不难发现幼儿在一些活动中时常会提到"我妈妈说过""这是我爸爸教我的""我和爸爸妈妈一起做的"等,这些言语是家长参与教育的表现。教师要用欣赏的眼光去看待家长们的付出,使家长感受到自己也是教育幼儿的重要角色,这样会更愿意配合教师开展教育教学工作。如晨晨小朋友在给大家展示她的调查表时,不断说妈妈做了什么、教了什么,我们捕捉到晨晨妈妈在陪伴和引导晨晨完成调查表时的付出,于是以此为契机,主动找晨晨妈妈交流,晨晨妈妈感受到我们的用心与真诚,对我们日后的工作表现得更为配合。

除了保持与家长们的日常沟通,我们也很重视期末的汇总。家园沟通是为了更好地开展家园共育,一个学期下来,家长很关注幼儿从中收获了什么,教师需要用心对幼儿一个学期的变化进行归纳总结,这样在与家长沟通幼儿进步的时候才能做到心里有数。如多多小朋友的常规意识比较薄弱,但一个学期下来有了进步。期末在与多多妈妈沟通多多一个学期的表现时,教师分别展示了多多在学期前与学期末的视频,让多多妈妈直观地感受到多多的进步,同时也请多多妈妈在假期里继续保持对多多的常规教育,使多多形成的良好习惯可以得到巩固。而教师体现出的专业能力,也让多多妈妈信服。

幼儿的发展是一个连续的、渐进的过程,教师要敏锐捕捉幼儿发展的细节,正确引导、跟踪观察,和家长密切地、持续地联系,让家长知道幼儿"昨天的问题"已经不是"今天的问题","昨天的弱项"已经成为"今天的强项"。

苏霍姆林斯基在《给教师的一百条建议》里说过:"学校与家庭,

不单要行动一致，要对儿童有同样的要求，而且要志同道合，要有一样的教育信念，要坚持按共同的原则出发，在教育的目的、过程和手段上，都不要发生分歧。"新手教师应当明确：与家长沟通的目的是形成教育合力，促进幼儿发展是不可推诿的重要的工作内容。只有主动地、有策略地调整好自己对待家园沟通工作的心态，提升家园沟通的能力，才能形成有效的家园沟通，从而建立良好的家园合作关系，促进幼儿全面地发展。

浙江省海宁市实验幼儿园教育集团实验幼儿园　张书辰

家园合作的力量

贝贝是家里的老二，刚入园的时候他不哭也不闹，有些注意力不集中，入睡特别困难。

当幼儿们入园焦虑逐渐消除后，贝贝的"不一样"开始显现出来。

他不愿意参加任何游戏，老师邀请、同伴邀请、自己选等措施用下去，贝贝不为所动，还表现出"怪异"的行为。在别人游戏的时候，他转圈圈、舔椅子、趴地上、时不时突然发出笑声……完全沉浸在自己的世界里。

我们想尽各种办法来调整贝贝的行为，但是三个多月过去了，不见成效。

基于此，我们通过"钉钉"把情况反映给贝贝妈妈，贝贝妈妈也向我们诉苦。经过沟通，我们和贝贝妈妈达成一致：让贝贝爸爸来园陪读。贝贝爸爸来园陪读后，贝贝一直黏着爸爸，甚至一步不离。

陪读结束后，班级内的老师进行分工，一位老师安抚贝贝继续接下来的教学活动，而我则和贝贝爸爸就贝贝的情况进行详谈。

在详谈中，我们了解到贝贝的爸爸妈妈都是非常内向的人，并且不喜欢社交，都喜欢静静地宅在家里。所以，贝贝从出生到现在，基本上就是待在家里，不出去玩，也没有小伙伴。虽然家里有一个哥哥，但是哥哥有点自闭症，两个小朋友之间没有正常的沟通。而贝贝妈妈也因为哥哥的特殊情况，精力大部分倾注在哥哥身上，对贝贝的关心会少一些。所以，贝贝在家不是一个人玩玩具，就是自己看电视。

全方位了解贝贝的家庭情况后，我们指出其中存在的问题，并和贝贝爸爸达成了一致：制定一些让贝贝融入集体的策略。

我们先带着贝贝爸爸观察幼儿与小伙伴交往、玩耍的快乐场景，这与贝贝独自玩玩具的画面形成了鲜明的对比。

贝贝爸爸的内心触动非常大，他反思自己做得不够好，还说会尝试在家帮助贝贝建立交往伙伴，周末的时候也会约邻居小朋友们一起玩，希望通过这些措施帮助贝贝建立自己的朋友圈，学会与人交往。

贝贝爸爸回家后跟贝贝妈妈说了陪读后的感受，这也引起了贝贝妈妈的重视，贝贝妈妈还为此向老师们请教了关于小朋友交往的技巧。

接下来，贝贝的爸爸妈妈买了一些育儿书，网上也查了很多学习资料，他们深深感受到了提高孩子交往能力的重要性，这对于帮助孩子尽快适应新环境、交到好朋友是非常重要的。

贝贝的爸爸妈妈也积极参加幼儿园组织的家庭教育讲座与分享会，认真学习其他家长的育儿经验，认真记录教师提出的教育建议。随着爷爷奶奶的加入，贝贝爸爸向爷爷奶奶科普了科学的育儿理念和方法，同时提出：每天饭后，谁有空谁带贝贝出去玩。

日复一日，贝贝的情况总算有了小幅进步，这也让大家更有信心和动力。

在一次家长开放日活动中，小朋友们都在尽情玩耍，贝贝站在旁边看，贝贝爸爸引导他和小朋友一起玩，老师在旁边鼓励。

我们帮贝贝拉开了器械棚，在我们的鼓励和注视下，贝贝选了一辆小车，邀请楠楠和他一起玩。

贝贝爸爸看见后非常激动，我们也为贝贝开心。

贝贝和楠楠玩了一会儿小推车后，又去搬来了梯子和垫子进行组合，玩起了新游戏。

在爬梯子时，贝贝爬到一半退了下来。

楠楠说："你一个脚跨过去，屁股跟着过去就行了。"

贝贝一听，试了一下，就会了。

他笑着说："我过去了，我会了。"

有了这次经验后，他又爬了三次，完全掌握了技巧。

接着他去拿了一些梯子和凳子进行路线组合，又开始探索新游戏。

真是令人惊喜的进步，贝贝爸爸非常感慨。

现在，贝贝的交往能力与游戏水平都有了很大的提高。

在一次建构游戏中，他拿来了一个经编桶和一辆小车，边将小车放入经编桶边说："我的小车洗澡了！"

玩了一会儿后，他将很多经编桶竖着摆放成一排，上面放了一块木板，玩起开小车的游戏，吸引了很多小伙伴参加。

游戏后，他也进行了有史以来的第一次记录与分享，贝贝变得自信且快乐了，也不再排斥集体活动了。

贝贝的故事让我感受到家园合作的力量，有效的家园沟通和家园合作让我们走出教育瓶颈，也让贝贝能够健康快乐地成长。今后，我们将密切沟通，把家园合作的价值发挥到最大，为幼儿的健康成长保驾护航。

浙江省海宁市实验幼儿园教育集团文苑幼儿园　费佳丽

在问题中提升沟通能力

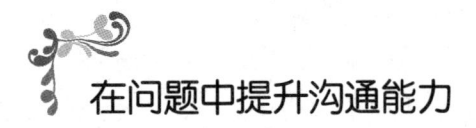

陈鹤琴先生曾说:"幼稚教育是一件很复杂的事情,不是家庭一方面可以单独胜任的,也不是幼稚园一方面可以单独胜任的,必定要两方面共同合作方能得到充分的功效。"

著名教育家苏霍姆林斯基说:"若只有学校而没有家庭,或只有家庭而没有学校,都不能单独地承担塑造人的细致的、复杂的任务。"

家长是幼儿园的重要合作伙伴,需要与家长进行有效的沟通与合作,共同促进幼儿的发展是幼儿园教师的专业要求之一。

幼儿教师与家长沟通的专业能力是在实践沟通中形成和提高的,教师在开展日常教育教学活动的同时,也有很多需要帮助家长正确处理家庭教育的问题。

为此,教师可以借助指导家长提高家庭教育能力这个契机,向家长提供切实可行的方法与建议,在这个过程中不断提高与家长沟通的专业能力。

对教师而言,准确把握幼儿问题及其与家庭教育的关系是开展家长沟通的关键。教师只有准确分析、判断幼儿问题与家庭教育的关系后,才能思考如何与家长进行有效沟通并开展后续家园共育工作。

我们班曾有一名幼儿总喜欢到处乱跑、不高兴就扔东西、与人说话不礼貌等,我们充分分析了问题背后的原因,在与家长沟通时有话可说、有依据支撑,这样的沟通,让家长更容易接受,同时更信任教师的专业能力。

当然，教师明确了幼儿问题与家庭教育的关系后，与家长沟通也要讲究方法。人与人如果具有共同的态度与价值观，不仅容易获得对方的支持与共鸣，也容易预测对方的感情与反应，因此在沟通的过程中，彼此才能更容易适应，进而建立起良好的人际关系。

教师应真诚、平等地对待每一位家长，设身处地地为家长考虑，接纳家长的偏见、冷漠、牢骚、脆弱、强势，在与不同类型家长沟通时要努力做到灵活应对，体现自己的专业性。

家长乐意听教师讲述自己孩子的成长故事，即使是再细小的一件小事或一个动作、一个眼神、一句话家长都愿意倾听。教师要注意观察幼儿的日常表现，可以先说幼儿优点再指出问题，然后提出一些建设性建议，做到客观、专业，容易被家长信服。

教师也可以运用共同讨论、互相启发的形式来达到沟通的目的。如当发现幼儿的问题时，教师可以和家长一起讨论："到底什么原因，让幼儿出现这样的行为呢？"

这样不贬低幼儿、不指责幼儿，而是提出问题引发家长的思考，可以促使家园沟通中形成互动，互相启发，然后再通过分析，找出症结所在，在这个过程中家长也会自觉反思自己在家庭教育中的行为对错。

教师在与家长的沟通中，也要善于引导家长讲述幼儿在家中的"童言趣语""熊孩熊事"等，做好倾听者，用"然后呢？""后来呢？""结果怎么样？"等能够显现好奇心的词语顺势追问，捕捉幼儿在家时的生活经验和典型经历，从而更深入地了解幼儿。

家长工作作为幼儿园工作的重要内容，在家园沟通中总会遇到这样那样的问题。随着幼儿园教育要高质量发展，指导家庭教育工作对教师的专业能力提出了更高的要求。

教师要时刻将家长作为合作伙伴，尊重家长的学历认知水平，站在家长的实际经验背景下思考怎样指导家庭教育。

面对家庭成员教育方法不一致的问题，可以建议家长通过家庭会议协商统一，保证家庭教育的一致性，并向家长普及教育不一致会对幼儿产生的影响。

面对由祖辈教养的家庭，可以通过给家长观看幼儿在集体生活中的视频，让家长直观感受幼儿的不足之处，在不发表任何看法的同时，让家长自己发现问题，教师根据问题进行有针对性的指导。

当然，在与家长的沟通中难免会遇到当时解决不了的问题，教师要注意沟通技巧，表示会重视问题，在经过研究或向经验型老师请教后，找到解决问题的办法，主动找家长沟通并落实，使问题得到解决。这样的沟通会让家长感受到教师是尊重家长的，也是负责任的、有耐心的。

家庭教育的指导工作具有持续性，有些问题不能够一次性得到解决，需要教师持续跟踪指导效果，并结合改善情况，与家长适时调整解决问题的方法。

但在跟踪教育的过程中，教师需要掌握一个度，要把握家庭教育指导的频率，既要让家长感受到教师的真诚关注，还要避免给家长造成心理压力。

家庭教育和幼儿园教育就像火车轨道，只有双向同行才能有效实现幼儿的全面发展，教师应充分利用指导家长提升家庭教育能力的契机，不断探索学习各种交流沟通的方法技巧，积累有效经验，使自身的专业能力不断得到提升。

北京市顺义区顺和花园幼儿园　张雪征

家园齐努力，沟通促成长

作为幼儿教师，我们每天要面对的不仅仅是幼儿，还有家长。

能够赢得家长的信任与支持，是肯定幼儿教师工作质量的一个重要方面。

所以，提高教师的家园沟通能力很关键。

在与家长交往的过程中，教师应做到文明礼貌，尊重对方，不能以教训式口吻与家长谈话，特别是当幼儿在幼儿园"闯了祸"的时候，教师更要在沟通时注意技巧。

当与家长的看法有分歧时，也要平心静气地讲清道理，说明利害关系，既要以礼待人，更要以理服人。

班里的幼儿有一部分是由爷爷奶奶带大的，比如我们班的邱邱，几乎没见他父母接送过，都是奶奶来接送。

有一次他闯了祸，离园时我们把他奶奶单独留下说这件事。

他奶奶紧张但又有点蛮横无理，说着说着就要吵起来。

我们先安抚邱邱奶奶的情绪，然后再沟通问题，并对邱邱不好的行为习惯提出一些建议。

邱邱奶奶意识到我们是在为邱邱好，慢慢接受了我们的建议。

在整个沟通过程中，我们始终保持微笑，语气平和，加上邱邱奶奶又是长辈，更要注意尊重。

邱邱奶奶以前从不跟我们主动搭话，自此以后，不管在哪里碰到，老远就跟我们打招呼，并且幼儿园让带什么东西的话，她都积极配合。

所以，家园沟通是重要的，是家园合作的桥梁和基础，也是指导家庭教育，帮助家长掌握正确育儿方法的有效手段，还能拉近教师与家长之间的距离。

我们班的彤彤小朋友，上学期只来了两天，然后就休学在家。新学期开始，她有些常规习惯没有建立起来，跟不上班里的进度。

有一次彤彤妈妈来园送被褥时，问我："老师，我们彤彤是不是有多动症啊，坐不住！"

我跟彤彤妈妈讲了彤彤常规习惯的问题，然后我们一起分析：可能是上学期彤彤耽误了半年，现在有点不适应，所以跟不上节奏，不能很好地遵守一些常规规则。

彤彤妈妈发愁地说："我教她学个东西，她坚持不了多长时间，眼睛滴溜溜地乱转，说她也不管用。"

我笑着说："要尊重孩子的学习特点，不能强迫孩子学什么，孩子感兴趣的东西学起来才会有动力。"

彤彤妈妈又提到教彤彤背古诗，彤彤也不愿意背。

我就告诉她："孩子不喜欢死记硬背，不要强迫孩子去背，可以多给她讲故事，或者就故事中的情节展开一些讨论。这样不仅可以培养孩子的倾听能力、语言表达能力，还能提高孩子的想象力，这也是学习，符合幼儿的年龄特点。死记硬背只会让孩子失去学习的兴趣。"

彤彤妈妈被我的专业能力说服，表示要多向老师请教学习，我们也拉近了彼此的关系，私下经常沟通，在互尊互助的前提下，互相请教。

对于幼儿的表现，是无法用对错衡量的。

教师在和家长沟通时，应该掌握一些心理策略。

我以前教过一个叫宸宸的小朋友，他是出了名的好捣乱，常惹得其他小朋友向我告状。

与家长沟通时，宸宸家长表示认同老师反映的问题，但是效果不佳，宸宸的问题并没有得到解决。我知道不能一味地向家长反映问题，不然宸宸家长会反感且会形成心理压力。

为此，我通过不同途径想办法解决问题：首先重点关注宸宸的表现，宸宸一有进步，就奖励他小贴画或者口头表扬。这样有一定的效果，但过不了几天他又开始欺负小朋友。

有一次，他用脚把一个小朋友绊倒了。我很生气，但还是忍住了，跟他分析小朋友摔倒有可能会受伤。

宸宸的沉默让我觉得有戏，我继续说："宸宸，你摔倒的时候会疼吗？他认真地点点头。就这样，以心换心，换来了宸宸的换位思考，用自己摔倒会痛发现了自己行为的不对。

破天荒的，他第一次向小朋友道歉。

我们也约定不把这件事告诉他妈妈。

宸宸见我信守承诺，对我多了一份信任，行为也确实有了改变，欺负小朋友的情况慢慢变少了。

我及时跟宸宸妈妈沟通宸宸的进步，宸宸妈妈开心地说："还是老师有办法。"

我趁机跟宸宸妈妈强调家园合作的重要性，宸宸妈妈爽快地说："老师，你说怎么做我们在家就怎么做。"

这为我们接下来的沟通与合作开了个好头。

虽然幼儿教师面对的是不同教育程度、不同性格、不同社会地位的家长群体，相信讲究一定的沟通技巧，用心、诚心交流，任何问题都可以得到解决。

即使在和家长沟通过程中，双方有不同的看法，如果注意采取合适的方式，根据每个家长不同的特点，真诚地交换意见，相信都会得到家长的理解，最终达到家园协作共育幼儿健康成长的目的。

山东省广饶县稻庄镇中心幼儿园　徐金娥

艺艺的假期综合症

中班下学期开学了,但班里出现了一个小难题,就是以前从来不哭的艺艺现在每天上学都要哭闹好一阵。

家长问其不喜欢上幼儿园的原因,艺艺也没给出具体的理由,就是想在家继续放假。

家长每天苦口婆心地劝说,艺艺就是哭哭闹闹不来幼儿园,即使到了幼儿园也很难留下。

刚开始,我以为可能哭两天就好了,毕竟刚开学,幼儿可能还没从假期的环境里调整过来。

我也多次与艺艺沟通,让她说一说假期里的趣事。可是过了一周,艺艺的哭闹情况丝毫没有减缓。新的一周开始了,艺艺照常哭闹,不肯进园。

我把艺艺抱到班里,她哭得撕心裂肺,用行动证明她不想来幼儿园。班级里的另一位老师来抱她,她把那位老师的腿踢出一块淤青。更糟糕的是,艺艺的哭闹还会影响其他幼儿的情绪,带动着其他小朋友一起哭起来。

我试图通过多跟艺艺说话,转移她的注意力。每次问到她不想来幼儿园的原因,她都告诉我想继续放假。

于是我约艺艺妈妈详细沟通,艺艺妈妈告诉我,平时他们上班比较忙,都是奶奶在带艺艺。我追问奶奶带艺艺的情况,艺艺妈妈说奶奶比较溺爱孩子。

在沟通中，我不放过任何蛛丝马迹，试图找出艺艺不想来幼儿园的原因。经过更深入的交谈，了解到奶奶灌输给艺艺这样一个想法：晚一天来幼儿园，就可以在家多放一天假。或许这就是症结所在：给了艺艺一个心理预期，但愿望没达到，所以艺艺才会哭闹不止。

在这次沟通中，我告诉艺艺妈妈要坚持送孩子来幼儿园，艺艺虽然哭闹，但是冷静下来后在幼儿园的表现倒是挺好的，玩起来也会很开心。

但是艺艺妈妈说如果孩子哭闹不止就要把孩子接回去。我知道她既是心疼艺艺，也是不想给幼儿园老师添麻烦。所以我耐心劝导：不能让艺艺认为通过哭闹可以达到她的目的，否则以后为了达到目的她会加倍哭闹。

艺艺妈妈表示会听取我的建议。我们最后达成一致，不能因为哭闹就妥协，家园合作，帮助艺艺顺利来园。

新的一周又开始了，艺艺对上幼儿园依然有很强的抵触心理。

我把她抱到教室，她就开始在地上打滚，无论怎么哄都不管用，但我和艺艺的妈妈都不妥协，我还建议艺艺妈妈送完孩子就走，不要停留，不要让艺艺抱有幻想。

艺艺闹了一阵，发现改变不了什么，慢慢冷静下来。

一整天，虽然有时候艺艺的情绪会低落，但不影响她跟小朋友玩游戏。

过了两天后，本以为事情会有好转，谁知艺艺哭闹得更厉害了。哭着让我给她奶奶打电话，想让奶奶把她接走。如果不给她奶奶打电话，就不依不饶，哭闹不停。

我跟她讲道理，她什么话也听不进去，我和班级里的另一位老师一筹莫展。

我只能好好陪着她，缓解她的焦虑。

离园时，艺艺奶奶来接她，借此机会我跟艺艺奶奶详细沟通艺艺的情况，并把与艺艺妈妈的约定讲给艺艺奶奶听，艺艺奶奶意识到自己在教育孩子方面存在问题。

我和艺艺妈妈、艺艺奶奶达成教育一致，艺艺觉得失去了奶奶这个"靠山"，在园不再嚷着要奶奶来接了。虽然来园依然哭闹，但随着注意力被转移，情况好转很多。

一个周五，早上艺艺一如既往地哭着来到教室，我轻轻在她耳边说："你看看咱们班这么吵闹，你来当小班长管理一下吧。"她瞬间停止了哭泣，先是愣了一下，然后用袖子擦擦眼泪，开始在班里转起来。

有了这个办法，让艺艺发生了很大变化。她在用餐的时候，可以大口大口地吃饭；在游戏结束后，能够收拾玩具了。

下一周来园，我还在担心艺艺继续哭闹，然而并没有，虽然是带着情绪来的，眼睛里还带着眼泪，但是不再哭闹了。看来，艺艺妈妈和艺艺奶奶没少用心。看到这个结果，我很欣慰，同时也感受到了家园合作的力量。

艺艺一天比一天有进步，甚至能够主动安抚心情不好的小伙伴。

原本一切向好，然而过了一个五一假期，艺艺不愿入园的情况又重新上演，但没有刚开学时哭闹得厉害。

艺艺会因为假期的长短产生或长或短的入园焦虑。不过我们已经掌握了这个规律，面对艺艺哭闹时，也能够及时作出应对。

从艺艺身上，让我深切感受到家园沟通与合作的重要性，家长的配合与支持是做好家园共育的基础。我们应该全面、细致地向家长汇报幼儿在园情况，让他们了解幼儿园工作，形成教育合力，共同促进幼儿健康发展，我们也都期待着幼儿能带给我们更多惊喜。

山东省东营市河口区义和镇中心幼儿园　崔梅娜

好孩子的烦恼

小雅是一个文静秀气的小女孩，小班刚入园没多久我就注意到了她，因为不论老师让坐好、集合还是吃饭，她从来都是认真完成。

于是她就成了我们激励别的幼儿的榜样。

"小雅听课最认真。"

"小雅集合的时候是第一个。"

"小雅表现好，奖励她一朵小红花。"

……

原本是想着用小雅的优秀激励别的幼儿，认为这样也是对小雅个人的认可，是一举两得的事情，然而事实却相反。

最近小雅看上去有些闷闷不乐，尽管事情做得很好，但能看出她的不快乐。

有一次做任务，幼儿们表现得都很好，我表扬了大家，但是幼儿们本能地反问："是不是小雅表现得最好？"

我意识到情况不对。

我看向小雅，能看出她的紧张。

我开始反思自己的教育行为。

随着与大家相处时间变长，我发现了小雅的多面，她是一个纠结的孩子，做事有些强迫症，总想把事情做到最好，这也导致她经常会有很多烦恼。

这引起了我的重视。

我跟小雅妈妈进行了沟通，小雅妈妈说小雅自尊心特别强，特别希望得到他人的肯定和表扬。

于是，我开始关注小雅的日常表现。

有一次美术活动，幼儿们自由发挥画画，小雅怎么也画不出来，很着急，尤其看到别的小朋友陆续画出来后，小雅居然急哭了。

第二天早上，小雅妈妈找到我，说小雅怎么也不愿意来幼儿园，因为她不喜欢画画，所以就不愿意来了。

和小雅妈妈沟通了解到，小雅在还没开始画时就担心画不好会受到老师的批评，也怕得不到老师的表扬。

小雅妈妈还说，小雅从小就喜欢得到表扬，于是家里人经常表扬她，谁知表扬次数多了，反而成了她的包袱。

为了得到表扬，小雅会主动尽自己所能把事情做到最好，如果表现不好就会压抑不安，害怕他人失望，这超出了她的情绪承受范围。

了解到这些后，想到近期小雅在园的种种表现，我明白她为什么抵触上幼儿园了。

我跟小雅妈妈认真分析这样压抑不利于小雅心理的健康发展，需要家园配合，正确引导小雅卸掉"好孩子"的包袱。

针对小雅非常看重他人评价的情况，我建议小雅妈妈逐渐减少表扬，而是关注小雅的情绪，注意跟小雅多交流。做完一件事先不要急于评价，可以跟小雅沟通做事后的感受与看法，引导她多关注自身的情绪体验，而不是总是去在乎别人对她的看法。

想让小雅卸下包袱，首先要转换成年人的思路，不能让小雅感受到成年人对她有"过度关注"或"过度期待"，这样会影响小雅的判断。

成年人要以关怀、接纳、尊重的态度和她交往，让她明白大家喜欢她不是因为她的"乖巧懂事"。

成年人更要注意不能拿她"乖巧懂事"来激励别的幼儿，这样会让小雅在无形中形成心理压力，也会让别的幼儿形成错误的判断，误以为"乖巧懂事"就是好孩子。

我还建议小雅妈妈在生活中为小雅树立榜样，做一个积极、自信的人，面对挫折时也能积极应对。

家长的焦虑、失败、灰心、丧气，会在潜移默化中影响幼儿，应该给幼儿一个正面、积极、阳光的示范和引导，让幼儿觉得失败并没有什么。

要引导幼儿学会关注自己、欣赏自己，接受不完美的自己。

家长要开阔视野，用心观察，捕捉幼儿的闪光点，让幼儿认识到自己的优点和长处，同时也要正视不足。

面对失败时，家长要肯定幼儿的努力，然后和幼儿一起理性分析原因，帮助幼儿在失败中总结经验，然后寻找方法解决问题，提高幼儿解决问题的能力，培养自信心与独立性。

关于小雅不喜欢画画，我充分利用美工区自主活动，鼓励她和小朋友一起涂涂画画，自由创作，使她在与别人合作画画中逐渐找回自信。然后再鼓励她独自作画，但不提要求，任她发挥。

我对她的作品也不作技巧性的评价，毕竟每个幼儿都是天生的幻想家，成年人无法评判幼儿画得对不对或好不好，更应该关注的是幼儿在画画过程中的天马行空以及享受当下的过程。这样，反而更能激发出幼儿的创造力、想象力，让孩子"做不一样的自己"。

河南省郑州市金水区新建幼儿园　邓洁

敏敏的压力

敏敏是一名大班幼儿，来自一个重组家庭。她的家庭里有一个同父异母的哥哥，她平时与妈妈、继父、哥哥在一起生活。

自大班上学期开始，敏敏出现了尿频的情况，几乎每次教学活动上到一半都要去卫生间小便。

我把敏敏的情况及时向她的妈妈反馈，她的妈妈还特意带她去医院检查，结果显示身体没有任何异常。

敏敏开始尝试憋尿，无效且情况加剧，感觉越来越尿急。甚至有时候敏敏裹着尿不湿就来园了。

敏敏的妈妈不放心，再次带她去医院做检查，但显示身体各项指标都是正常的，这到底是怎么回事。

我对敏敏进行了特别的关注，并常找敏敏聊天。在一次聊天中，我了解到：有一次，敏敏的继父教她写自己的名字，但是敏敏总是写不好，两天后就忘得干干净净。继父一气之下拿起身边的棍子打了她，她当时被吓得尿了裤子，从此特别害怕继父。

事情好像就是从这个时候开始有了变化，敏敏总是看起来神情紧张且焦虑，慢慢又出现了尿频的情况。我私下跟敏敏妈妈沟通这件事，敏敏妈妈责怪自己粗心，也对继父的教育方式表示了不满。据说后来，继父也为自己的行为感到自责。

敏敏妈妈还找了心理咨询专家，请教如何缓解敏敏的心理问题，专家给出了一些建议，建议由成年人慢慢引导，也不要对幼儿抱有过高的期待；超出幼儿能够承受的范围，幼儿就会变得紧张、焦虑、忧思。

我了解这些后，也展开了对敏敏的分析：敏敏性格内向，在班中鲜有好朋友，户外、区域活动也经常落单，这本身会导致她感到孤独，慢慢就会产生自卑心理。在家庭方面，因为是重组家庭，或多或少会让她心里觉得不自在。而继父性格又较为急躁，对敏敏的教育方式存在惩罚过度的情况。敏敏的妈妈不够细心，平时对敏敏的关心也少，不能够及时发现孩子的敏感和异常。

分析各种原因之后，我查询资料寻找解决的方法，并与敏敏的妈妈及时沟通交流。

《指南》指出：幼儿阶段是社会性发展的关键时期，良好的人际关系和人际交往能力对幼儿身心发展具有重要影响。于是，我与敏敏妈妈约定，要扩大敏敏的交际圈，提高交际能力，促进她的社会性发展。

在园里，我积极鼓励她参加活动，并鼓励其他小朋友主动邀请敏敏一起玩。同伴的作用是深远的，有了小伙伴的陪伴，可以帮助敏敏排解孤独。对于敏敏的进步，我通过赏识教育，帮她提升自信。

在家庭方面，我通过对家庭教育的指导，引导他们了解到家庭教育的重要性，坚持科学育儿的导向，帮助他们形成正确的教育观。

我还多次进行家访，深入了解敏敏的家庭环境、家庭氛围是否科学、适宜，对于继父的急躁性格提出建设性建议。希望他们为敏敏创造一个和谐、民主、平等的家庭教育氛围。

敏敏开始喜欢幼儿园生活，在园时我建议她不用刻意憋尿，有尿意了就去卫生间，活动的时候有尿意了可以告诉老师，不要有心理负担。

现在，只要敏敏抬头看我，再望向盥洗室，我就明白了她的意思，如果是在活动期间，她会快去快回，不耽误活动的正常进行。

慢慢地，敏敏的各方面情况都有了好转。

有一次午休起床时,她拉着我的手说:"老师,我刚才做梦了,梦见我变成了一只蜜蜂,在好多好多花里面吃蜜,好甜好甜啊……"听到她这样说,我很欣慰,尤其看到她轻松自如的样子,我非常的开心。

午休后,我请敏敏把美丽的梦境讲给大家听,大家给了她热烈的回应,她的笑特别明媚。

敏敏渴望被在意,希望被注意,从而获得心理的安全感,感受到自信、自尊。

幼儿的健康成长离不开家园的有效沟通与合作,家长的支持与配合是幼儿教育的强大推动力。

家庭和幼儿园犹如一车两轮,只有同步同向才能产生"$1+1>2$"的合力,有效促进幼儿健康全面地发展。

浙江省桐乡市洲泉镇中心幼儿园　张润润

教育随笔

孤僻的婷婷

婷婷原本是一名活泼的幼儿,但是最近的种种表现显示她遇到了问题。

下午一小时的户外区域时间结束了,幼儿们兴高采烈地回到活动室,开始认真地画起了今天的游戏故事。

到了游戏分享环节,幼儿们争先恐后地举起了小手,想跟大家一起分享游戏中的精彩故事。

"婷婷,你先来吧!"看着沉默的婷婷,我鼓励她。

婷婷犹豫了一下,有点儿不情愿地拿着她的画走了过来,但她的绘画纸上空空的,什么也没有。

只见她耷拉着小脑袋,眉头紧锁,低头不语,两只小手不安地攥着衣角。

"婷婷,不舒服吗?"我摸了摸她的额头问。

"没有。"她低声答道。

"那是心情不好吗?"我追问。

她摇了摇头,没有说话。

我抱了抱她,说:"有什么事一定要告诉老师,好吗?"

婷婷微微点了点头就回到了座位上。

我心里想:或许是跟小朋友闹矛盾了,所以不开心吧。

但是过了几天,我们组织幼儿画自己的爸爸妈妈,中途婷婷突然把画撕了。

115

我看向婷婷，婷婷扭头看向远方。

"婷婷，为什么把画撕了？"我轻声问。

婷婷眼圈发红，哽咽道："我没有爸爸，他离开我和妈妈了！"

我怔了一下，大脑一片空白，我该怎么安慰她呢？

想了想，我蹲下来抱抱她，或许这个时候无声胜有声。

在接下来的建构区游戏环节，我重点观察婷婷，她更多的是在发呆，显得很孤独。

不一会儿，阳阳跑过来跟我说："老师，婷婷的耳朵是不是坏掉了？"

我疑惑地问："为什么这么说呢？"

阳阳生气地说："我想跟她合作搭建一座大桥，我让她搬几块三角积木，叫了她几声她都没有听见。"

意识到婷婷的问题，在离园时，我及时与婷婷妈妈沟通，婷婷妈妈说她跟婷婷爸爸离婚了。

了解情况后，我跟班里其他老师商量，决定去婷婷家做一次深入的家访。

家访时，我跟婷婷妈妈详细汇报了婷婷近期在幼儿园的表现，婷婷妈妈表示也很焦虑。婷婷现在很敏感、脆弱，情绪不稳定，看起来不开心，也变得沉默寡言，在家里也是这样。

后来的交谈中，我们又了解到，在日常生活中，婷婷妈妈对婷婷爸爸使用了一些不当用语，有很明显的责怪意味，这让敏感的婷婷听多了就在无形中损害了爸爸在婷婷心目中的形象。

我们就此事作出指导，建议婷婷妈妈不要当着婷婷的面说爸爸的不是，成年人之间的问题不要伤及孩子，尤其在这敏感的阶段，要注意疏导幼儿，保证幼儿的心理健康。

幼儿需要安全感，我们需要让婷婷明白爸爸妈妈不会因为分开而减少对她的爱。

我们建议婷婷妈妈多陪陪婷婷，经常对婷婷表达爱意和赞美，进行心灵的沟通。还建议婷婷妈妈要允许婷婷爸爸来探望幼儿，让婷婷感受到爸爸依然爱着她。

婷婷妈妈对我们的建议表示认可与支持。

这次家访之后，我们经常打电话给婷婷妈妈，询问婷婷在家的情况，婷婷妈妈也会打电话跟我们了解婷婷在园的表现。

经过一段时间的关注与引导，婷婷妈妈脸上又重新出现了笑容。

单亲妈妈又怎样，依然坚强！妈妈的积极乐观会感染幼儿，有助于培养幼儿健全的人格。

婷婷在幼儿园的时候，我们尽可能地寻找机会与她多交流，给她"爱的抱抱"，使她感受到爱和关怀。

"婷婷，今天早上吃饭了吗？吃的什么？"

"婷婷，要多喝水哦，要身体棒棒的。"

……

一句句关怀，一声声问候，饱含着老师们对婷婷的爱。

婷婷也有了变化，愿意与老师说话、愿意与小朋友一起玩，有时候小脸上也挂上了笑容。

婷婷妈妈很欣慰。

几天后是婷婷的生日，我们给了她一个小惊喜，送给她最想要的礼物。小朋友们也都祝婷婷生日快乐，她高兴地蹦了起来，脸上也露出了甜美的微笑。

最近的区域活动，我发现婷婷喜欢上了甜品屋，她喜欢坐在小桌子前用彩泥做各种各样的甜点。

我想我可以帮助婷婷发展自己的兴趣和特长，这样可以提高她的自信心，也能帮她更好地融入班集体，让婷婷感受到她所生活的群体是安全的、温暖的。

看着婷婷做的甜点，我问："婷婷，这都是你做的吗？"

"是啊，老师你看，我还在上面撒了糖粉呢。"婷婷向我展示。

"婷婷，你的小手真灵巧。"

再看她时，发现她的眼睛闪闪发亮，像天上的星星一样。

后来，婷婷又做了不同的甜点，她的手艺得到了小朋友们的喜爱和认可。小顾客们都点名让婷婷来做甜点，大家亲切地叫她"婷婷甜点师"。

有时候婷婷还会当起小老师，教其他小朋友制作甜点，忙得不亦乐乎，她又找回了自信，还结交了几个好朋友。

为了鼓励她，我把她制作的甜品拍照制成图册，展示在甜品屋的墙壁上，每当小朋友指着图册说真漂亮时，婷婷的脸上总会露出开心的笑容。

我们的教育方式得到了婷婷妈妈的认可，并向我们承诺在家会科学育儿，家园合作培养幼儿的健康品格。

是啊，幼儿教育是一项复杂的工程，家园合作，缺一不可。相信通过今后密切的家园沟通与合作，婷婷在成长的路上能不惧风雨，做一个快乐的人，拥有快乐的童年。

山东省广饶县阳光幼儿园　聂淑娟　荣默涵

伊伊爸爸的焦虑

离园时，幼儿们兴致勃勃地跟我道别后，拉着家长的手走出了幼儿园。

我刚要转身回去，看见伊伊的爸爸拉着伊伊在门口欲言又止的样子，我走过去问："伊伊爸爸，怎么还不回家呀？是不是有什么事呢？"

伊伊爸爸抿了抿嘴说："老师，我有个问题想问问您。"

"您说。"

说话间伊伊爸爸掏出手机，翻找着什么。

"您看看，这是咱们这两周的班级活动，我发现我们家伊伊的照片特别少，而且只要是几个孩子一起照，我们家伊伊就一直是边上的，C位上从来没有我们家伊伊。"伊伊爸爸说着激动起来。

听了伊伊爸爸的话，我接过手机翻看。

伊伊爸爸接着说："我们家伊伊基本上天天上幼儿园，但是我看展示栏里伊伊几乎没有单独展示的照片，我想问问是不是也可以给我们家伊伊一个展示的机会。"

"伊伊爸爸，您的建议我了解了，其实我刚才也看了一下展示栏，伊伊的展示机会不算少，还有您说的几个小朋友一起照的时候伊伊没有站在中间，具体站哪个位置这主要是幼儿自主选择的。您今天的反馈，我们今后在照相或者集体照相的时候会多注意，在今后的教育教学活动中也会尽量多地给孩子们展示的机会。"

听了我的话，伊伊爸爸缓和了情绪，说："我知道伊伊各方面能力比较差，脑子也比别人慢，我也挺着急的，就想着你们能多给伊伊机会让她锻炼。不过你们的工作，我是十分认可和支持的，也希望你们理解我的想法。"

我说："感谢您对我们工作的认可和支持，其实每个孩子都是一粒种子，只是花期不同，咱们不要把自己的孩子和其他人比，因为孩子之间有个体差异。只要孩子自己有进步，就是值得表扬的，作为家长要用发展的眼光看待幼儿，相信伊伊不比别的孩子差，咱们要静待花开。"

伊伊爸爸仍不放心地说："我就是挺焦虑的，尤其孩子该上小学了，我怕她跟不上小学课程。"

我安慰道："伊伊其实很聪明，也请您相信伊伊，帮助伊伊培养好习惯，而且以我对伊伊的了解，我认为伊伊为上小学做的准备已经很充分了。"

伊伊爸爸这才放心不少。

通过和伊伊爸爸的沟通，我深知只有家庭和幼儿园相互配合、相互信任，才能更好地促进幼儿的健康成长。

这次事件也给了我很多反思，有效的家园沟通是做好家园共育的前提。《幼儿园工作规程》也明确指出：幼儿园应主动与家庭配合，共同担负起教育幼儿的任务。应建立幼儿园与家长联系的制度，指导家长正确了解幼儿园保育和教育的内容和方法。教师应有意识地主动与家长进行联系，而不是被动地接受家长的反馈，家园共育需要双方合力。

有效的沟通可以渗透到幼儿的方方面面，对家长的指导更应关注幼儿的整体发展，可以让家长了解幼儿在一日生活中的点滴成长，也可以通过主题活动与五大领域相结合的形式更新家长的教育理念。

像伊伊爸爸的焦虑，其实是对幼儿的年龄特点与发展规律的不了解，应对这类家长进行全面、系统的指导，以便于消除幼小衔接时期带来的焦虑与不安，以培养幼儿的动手能力、专注力、时间管理、学习习惯等为目标，提高幼儿相关方面的能力。

幼儿是一个个活跃的个体，他们有不同的想法、不同的性格，在幼儿成长的过程中会有不同的收获。教师与家长应及时沟通，互相分享幼儿的成长足迹，共同关注幼儿的发展。如在主题活动开展的过程中，结合每月的节气，我们开展了一系列的节气活动，惊蛰饮梨汤、春分放风筝、清明去踏青……一系列有趣又精彩的活动，不仅满足了幼儿的好奇心，也使幼儿增长了很多见识。幼儿在其中的成长足迹，我们及时制作成展示板，让家长看到幼儿在各项活动中的表现与成长，使家长进一步了解幼儿园教育，从而放心、放手，并信任老师。

苏霍姆林斯基说过："激发幼儿最好的方式是让他享受到成功的快乐。"

我们会精心收集幼儿的点滴进步，制作出幼儿的成长档案，并邀请家长一起维护与更新幼儿的成长档案，以此引发家长对幼儿成长的关注，共同体验幼儿收获成功的喜悦。

幼儿的发展是一个不断变化的过程，家园应围绕幼儿的教育与发展情况进行及时的沟通。沟通可以让家长的期待得到及时的反馈，能让最新的教育理念渗透到每个家庭。

教师在与家长沟通时要学会共情，多站在家长的角度去思考问题，在幼儿出现一些问题的时候，不要一味地指出幼儿的错误，而是通过与家长沟通找出改正错误的方法，让家长感觉到老师的确是为了幼儿的发展着想，并不是用有色眼镜去看待幼儿。当幼儿有所改善时也要及时对幼儿进行表扬和肯定，同时肯定家长的付出与配合，这样不仅能让家长树立教育幼儿的信心，更能让家长感受到老师对幼儿的爱。

通过伊伊的例子可以看出，家园沟通是双向的，家长具备了主动提建议或意见的意识，能够积极反馈幼儿的情况和自身需要，也愿意与老师一起探讨适合自己孩子的教育方式，以及在家中配合老师落实针对个体幼儿的正确引导方法，共同创造"跳一跳，够得着"的教学模式，主动拉近家园关系。教师应重视家长的主动意识，以更高的要求提升自己的专业水平，在家园沟通与合作中发挥积极的作用。

北京市顺义区港馨幼儿园　刘茜

辰辰自信了

辰辰是语言发展迟缓又有些内向的幼儿，在幼儿园不喜欢说话，有小朋友找他，他常因为说话慢导致同伴不耐烦，久而久之小朋友们就不太愿意和他一起玩了。因此，辰辰常常一个人，看上去有些孤独且不自信。

《指南》指出：幼儿的语言能力是在交流和运用的过程中发展起来的，应为幼儿创设自由、宽松的语言交往环境，鼓励和支持幼儿与成人、同伴交流，让幼儿想说、敢说、喜欢说并能得到积极回应。幼儿期是学习语言最敏感、最关键的时期，家园应达成共识，同心协力提高幼儿的语言表达能力。

语言的学习过程与幼儿的语言个体差异有关，与幼儿所处的语言交际环境也有着不可割裂的密切联系。一个自然的、舒服的、良好的口语交际学习环境，能让幼儿形成良好的口语练习、交流习惯，成人应该给幼儿创造想说、敢说、愿意说和有机会说话的学习环境。

家庭是幼儿最放松的地方，在家里幼儿说话的欲望是最强烈的，家长应对幼儿做好语言引导。针对辰辰的情况，我与辰辰妈妈积极交流、及时沟通，普及家庭教育的重要性。家庭成员之间的关系也要和谐、和睦，不能专制、压抑，这样会导致幼儿把话闷在心里，不愿表达。我还建议辰辰妈妈要经常和辰辰谈论他感兴趣的话题，多给辰辰表达和与人交谈的机会，辰辰在与人交谈的过程中就是训练语言表达能力与胆量的机会。

辰辰妈妈对我的建议表示赞同，回去他们召开了一次家庭内部会议，辰辰爸爸还想到在家里给辰辰建立一个小小的图书角。

辰辰妈妈向我咨询采购图书的注意事项，我精心整理出一份书单推荐给他们。

他们精心布置了图书角，还添置了一些小动物、玩偶等，让辰辰拥有一个属于自己的小天地。

在图书角里，辰辰与爸爸妈妈会交谈各自一天的趣事，或者开展亲子阅读，最开始是辰辰爸爸妈妈读故事给辰辰听，然后会跟辰辰讨论故事情节，而辰辰则是热情地沉浸其中。

经过一段时间，我们发现了辰辰的转变，他脸上的笑容多了，辰辰的爸爸妈妈看到效果后信心更足了。

幼儿是天生的游戏玩家，有些游戏可以自发而成，而且玩伴不固定，随时随地随意。玩游戏也是训练幼儿语言表达能力的一个途径，可引起家长的注意。

我建议辰辰的爸爸妈妈可以把故事设计到游戏中去，让辰辰在游戏的过程中感受故事的内容，学会讲故事，训练语言表达能力；也可以在游戏中创设故事情境，让辰辰模拟故事中的角色语言、情节动作、表情语调等，在玩中、学中游戏，在游玩时自主地去说话、去表现。

在幼儿园，我们经常会开展故事讲述比赛，鼓励幼儿把自己喜爱的故事讲述给小朋友们听，以前辰辰从没有参与讲述过，在最近一次的讲故事比赛中，我鼓励辰辰试一试，他没有像以前一样拒绝，而是参加了比赛，获得了小朋友们的掌声。

我把这个好消息与辰辰的妈妈分享，辰辰妈妈很开心。

又过了一段时间，辰辰妈妈说他们现在在家玩故事接龙游戏，吃过饭，家人们聚集在一起讲故事，辰辰的爷爷奶奶也参与了进来，这样更加激发了辰辰讲故事的积极性。

随着时间的推移，辰辰爸爸在图书角增加了更多领域的故事书、图画书、百科常识等书。现在的辰辰，有时候会自己在图书角里安安静静地看书，有时候会主动邀请爸爸妈妈给他们分享书中的趣事或朗读一些简短的小故事。

喜欢上阅读的辰辰，讲话语速有了很大改善，也能完整地表达自己的想法。

在一次角色活动中，辰辰穿梭于"爱心医院"和"百货商城"两个区域，他用完整的语言表达了自己的需求，使自己的游戏水平得到了提高，交往能力进一步增强，口语表达能力也随之有所提高。

在幼儿园，我也注重在各领域活动中将幼儿们学会的词语加以收集与运用，如在《小鸡在哪儿》童话故事里的几个比喻词：小花鸡蹲在盆子里、小黄鸡钻在地板下、小黑鸡站在岩石上、小白鸡躲在大树背后，等等。在游戏环节，我请四位小朋友各自进行蹲、站、钻、躲的动作，通过这样的游戏方式使幼儿理解相关动作的含义。

现在的辰辰变得自信了，在一次看图讲故事活动中，我让幼儿们通过图形进行联想，表达自己的想法。辰辰第一个举手，慢慢讲述自己的故事，其他幼儿耐心聆听，他看上去那么自信。

为了巩固辰辰的良好发展态势，我与辰辰妈妈沟通商讨出：通过一问一答的游戏方式，在日常生活中训练他的反应能力。当然，提问时要选择辰辰生活中经常接触到的一些事物，这样的对话练习，既可以训练幼儿的敏捷思维，又可以进一步促进语言表达能力的提高。

幼儿的能力发展需要家长和老师一点一滴的用心培养，只要我们付出了，用对了方法，加上持之以恒的耐心，相信幼儿的各方面能力会在日常的学习与生活中逐步提升，为他们今后的学习之路奠定良好的基础。

广西省陆川县马坡镇中心幼儿园　梁凤琼

伟伟转园后

《纲要》指出：家庭是幼儿园的一个重要的合作伙伴，需本着平等合作、尊重的原则，积极取得家长理解以及使家长主动参与，同时帮助家长提升教育能力。为了体现幼儿园对家庭教育的指导和引领作用，我们积极构建家园共育的互动模式，逐渐丰富家教工作内涵，不断树立家园共育理念，给幼儿营造良好的成长环境。面对有"问题"的幼儿，需要一对一地跟进与指导来促使幼儿身心健康成长。

刚开学的时候，我们班转来一个面色微黑的男孩儿，名字叫伟伟，个子不高，喜欢安安静静地坐着，眼神中透露着不安。

他每天早上总是哭着不愿意进入幼儿园，必须要妈妈直接抱进来。通过与他妈妈沟通了解到：伟伟妈妈是一名高中老师，平时工作繁忙。爸爸是一名工程师，在离家一百多里的城市上班，伟伟大部分时间由奶奶照看。

面对伟伟的哭闹，他的妈妈表现得很不耐烦，还说伟伟在家喜欢看电视，每次商量好看半小时关电视，他都很不情愿，有时还会闹脾气。他还十分依恋自己原来的幼儿园，不想来新的幼儿园，总是闹着要回去。

了解了伟伟的情况后，我陷入了深深的思考。

伟伟没有树立正确的时间观念和时间管理意识，转园之后环境陌生，没有他熟悉的伙伴，所以对新环境不适应。伟伟还有点不爱说话，这也不利于他融入新环境。这些都让伟伟很没有安全感。

分析了这些问题，我与伟伟妈妈深入沟通后达成了一些共识：

首先建议伟伟的爸爸妈妈和他一起制订计划，把一日生活都安排清楚，做什么事情用多长时间，用这样的方式起到督促和监督的作用。每完成一项安排的任务，有进步的时候，及时给予表扬，通过积累可以兑换一些小礼物表示对他进步的认可。

伟伟之所以依赖电视，缺乏陪伴是原因之一，家长需要做好亲子之间的有效陪伴，可以和他玩一些亲子游戏，陪他阅读、运动、绘画或搭积木等。

伟伟从原来的幼儿园来到这里，由于转园缺少安全感，所以更加依恋过去的环境、人、物，排斥新环境、新人、新物。哭闹是其内心分离焦虑的表现，家园携手则可以帮助他尽快适应新环境。

在这个关键期里，为了尽快让他适应新环境，在园时我会引导小朋友主动找伟伟一起游戏、玩耍、就餐等，让他尽快熟悉现在的幼儿园生活。

我也会关注他的举动，并及时给出回应与引导，让他在不知不觉间主动适应新环境，让一切自然发生。

家长方面，我建议伟伟的爸爸妈妈多和他谈心，交流他在幼儿园经历的事情、有哪些开心的事、和小朋友做了什么等，让伟伟在讲述自己的经历的过程中感受自己是幼儿园的一分子，培养归属感。

家园的及时沟通是必不可少的，我们和伟伟的爸爸妈妈会及时就他在幼儿园和家里的情况进行交流。

我也会及时根据他们的家庭教育情况给予指导。比如在家进行亲子搭建活动中，家长可以鼓励伟伟搭建出不同的创意造型，但需要注意的是让伟伟有自己的主动权，这样可以充分发挥伟伟的想象力，家长不要做指挥者。当搭建活动结束之后，可以让伟伟分享一下自己的游戏心得，不仅可以提高语言表达能力，还可以提高自主性。

经过一段时间的引导，伟伟的心扉打开了，每天都会快乐地来幼儿园，回家也能够和家人分享在幼儿园的快乐一天。

他现在有了自己喜欢的小伙伴，还有自己喜欢的游戏，变得更加自信、阳光了。

伟伟还成了老师的小帮手，会帮着老师分发和收集材料，也能出色地完成值日任务。

伟伟也喜欢画画和朗诵，而且越来越自信。

高质量的陪伴是幼儿形成安全依恋的基础，有了安全依恋，也为幼儿的大脑发展、幸福感的获得打下了稳固的根基。

让幼儿感到安全、被看见、被安慰、有保障，幼儿就可以用"开放式大脑"去接触这个世界，在这个世界上感到满足和幸福。

伟伟的事情也让我明白，教师在教育幼儿的过程中，不但要读懂幼儿、支持幼儿，也要正确引导家长，知道家园共育的重要性。

作为教师，要经常与家长沟通，及时反馈幼儿在园的日常表现并了解幼儿在家的情况，然后根据幼儿的特点，指导家长根据幼儿的情况采取相应的教育方法，让幼儿在爱与被爱中收获认同感和幸福感，建立更加亲密和谐的亲子关系。

家园沟通让双方积极主动地相互了解、相互配合、相互支持，共同营造温馨和谐的育人环境，也让每一个幼儿都能在爱的阳光下全面发展、健康成长。

山东省德州市临邑县林子镇中心幼儿园 熊艳霞

大博的转变

我们班的大博在班里总爱打人，不光打小朋友还打老师。

吃饭时，他还总是把腿放到其他小朋友腿上，只要小朋友说他，他就动手抓人。

我们跟大博谈过很多次，总是没用。

今天上午户外活动时，小朋友们玩着玩着，不见了大博的踪影，我们到处找，急得不行，后来大博被门卫给送了过来，原来是跑门卫室玩去了。

为了保证幼儿们的安全，每天离园的时候，我们会有正式的交接，需要点名后，家长才能接幼儿回家，但每次大博都不遵守这个约定，不等点名就自己跑了，拉也拉不住、追也追不上。

我们跟大博的家长多次沟通，他的爸爸见教育没有效果，开始不耐烦，也不愿意接我们的电话。而园里其他小朋友的告状又不断，我们着实苦恼。

为了从根本上解决问题，我们约了大博爸爸进行一次面对面的沟通。

我们向大博爸爸详细了解家里的教养方式，在交谈中大博爸爸慢慢放下了抵触情绪。

我们也了解到他们对大博的态度是：孩子要什么买什么，想玩什么玩什么，大博不听话了就是一顿拳打脚踢。

了解了他们的家庭教养方式，我们从幼儿的年龄特点、发展现状等方面进行了回应，建议大博爸爸转变不科学的家庭教育观念。

尤其需要注意，幼儿心智发育不成熟，好模仿，无法判断自己的行为是否会对同伴造成伤害，需要教给幼儿正确的交往技巧。

沟通后我们跟大博爸爸进行了第一次约定：

第一，注意避免在不良情绪下教育幼儿，不要打骂幼儿。

第二，幼儿犯错了，要耐心指出幼儿的问题，要让幼儿知道错在哪里，然后正确引导其行为。

第三，引导幼儿遵守一定的规则，学会自我保护，具备一定的安全意识。

这次沟通后，大博爸爸对我们的态度也有了转变，开始积极回应我们的每次沟通。

在接下来的家园合作中，我们叮嘱大博爸爸要有耐心，教育要循序渐进，不要拿自己的孩子和别人的孩子比较，因为每个孩子都是特别的，加上幼儿们的发展存在个体差异，没有可比性，要科学地教育幼儿。

一段时间后，我们和大博爸爸进行了第二次面对面的沟通。

在这次沟通中，我们针对大博近期的表现跟他进行了反馈：每餐能够主动吃饭，能有意识地遵守班级活动的要求，与同伴交往过程中知道遵从同伴意愿，能够主动和小朋友分享自己的玩具。

大博爸爸听到这些，很欣慰。

于是，我们趁热打铁，提出下一步家园需要配合的内容：要注重爸爸教育幼儿的作用，关注幼儿的发展。

大博爸爸表示认同。

大博的转变，让我们也很欣慰，以往不断的告状声没有了，大博也有朋友了。

近日，幼儿园的库管老师为幼儿买来了观赏的小鱼儿。

为了给幼儿创造一个体验由自我为中心逐步过渡到爱他人、爱周围事物的过渡平台，我们带领幼儿接待了这批"客人"。

看着小鱼儿，幼儿们开始了讨论：小鱼吃什么？吃多少？食物从哪里来？多长时间喂一次？谁来喂？

他们是那么的投入和专注，大博也在积极地出谋划策。

令人惊喜的是，第二天不少小朋友带来了鱼食，大博就是其中之一。他们一起喂小鱼，还商讨着喂多少。大博还把自己带的鱼食主动分享给没有带的小朋友，大家都很开心。

有一次户外活动时，大博拿着自己叠的纸飞机在操场上玩耍。他时而观察自己的纸飞机飞行的高度，时而观察同伴的。同伴的飞机比他的飞得高了、远了，他就跑过去看，还请教他们折飞机的方法。后来经过加工，他的飞机飞得也高了、远了。一路都是他的笑声。

通过近半年的家园沟通、师幼互动，大博由不会交往到主动交往。

大博爸爸也由回避教师到走近教师，现在我们是不可分割的合作伙伴。

通过大博的事情，我们更加明白了家园沟通的重要性。我们会不断反省自身，弥补不足，不断优化家园沟通与合作路径，实现家园有效共育。

北京市顺义区港馨幼儿园 刘涛

我不吃手了

　　幼儿教育是幼儿一生中最基础的教育,它的基础打得好坏,直接影响到幼儿的一生。

　　我们班的阳阳小朋友是小班的幼儿,今年三岁半,语言表达能力挺好,爱唱爱表演,老师、小朋友都很喜欢他。但就是有个不好的习惯——爱吸吮手指。午睡起床时,有小朋友告状"老师,阳阳午睡时又吃手了"。

　　这时候,阳阳会用无辜的眼神看着我,仿佛在说"我不是故意吃手的"。

　　在这样的情况下,我多次提醒他注意,还跟他讲道理:吃手不利于手指的生长发育,也很不卫生,因为手上会有很多细菌。每次阳阳都会点点头,表示一定会改正。但是并没有用。

　　集体教学活动时,我正在给幼儿们讲故事,幼儿们都被生动的故事情节所吸引,突然有一阵"啧——啧——"的声音传来,大家不约而同地转头朝发出声音的地方望去。

　　原来是阳阳在吃手呢!

　　阳阳看到同伴们都看他,意识到自己又吃手了,不好意思地低下了头。

　　心理学家曾做过研究统计,发现成长时期的婴儿会有吃手指的习惯,但随着年龄的增长吃手指行为会逐渐消失。

　　为此,我跟阳阳妈妈进行了沟通,阳阳妈妈说阳阳在断奶时就有吃手的习惯，等大了就好了。

这次沟通没能引起阳阳妈妈的注意，于是我搜集了一些相关材料发给阳阳妈妈，毕竟教育幼儿不止是幼儿园的事情，如果家庭不配合，仅凭幼儿园单方面发力，幼儿在家没人监督，孩子的行为习惯将得不到巩固。

阳阳妈妈认识到吸吮手指的危害时，也表示担心，但又因幼儿年龄小不忍心用强制的手段制止他而发愁。

尽管我在这方面的经验也不足，但我与阳阳妈妈保持着良好的沟通，抱着相互学习的心态，以一起想办法纠正阳阳的行为为目的，形成了统一战线。

我建议阳阳妈妈要营造温馨、友爱、安全的家庭环境，不要用激烈强制的方法让幼儿改正不良习惯，更不要打骂幼儿，这样会造成幼儿心理上的无助感和紧张不安，心理上的伤害会使阳阳吃手指的习惯更难改掉。

日常活动中，每当我发现阳阳吃手时，都会提醒他不要这样做，可是事与愿违，我越是提醒他不要吃手，他却越是吃得厉害，很多次我都不知所措。于是，我重新审视自己采取的教育方式。

其实不停地提醒阳阳不要吃手不仅没有效果，反而让阳阳吃手的不良行为不断得到强化。认识到这一点后，我及时改变了教育方法，变强化缺点为强化优点。

在阳阳不吃手时，哪怕只有一分钟的时间，我都会表扬他，小朋友们会称赞他，阳阳得到了表扬和称赞很开心，还会有意识地把刚刚抬起想要放进嘴里的手指收回来。

我把这个方法告诉阳阳的妈妈，还建议她采取多种措施吸引阳阳的注意力，让他忘掉吸吮手指这件事。比如开展亲子阅读、亲子手工活动，让阳阳沉浸在有趣的故事和手工活动中，他注意力集中就会慢慢忘记吸吮手指。长此以往，吸吮手指的次数就会越来越少，成功不是没有可能。

我还建议阳阳妈妈要多与孩子沟通，及时了解阳阳内心的想法，在阳阳容易产生吃手指行为时，引导他做一些喜欢做的事情，如捏橡皮泥、玩拼板玩具、做飞机模型等。

在我与阳阳妈妈努力纠正阳阳吸吮手指的坏习惯时，我还跟阳阳普及吸吮手指的坏处，比如手指变形、病菌入口导致疾病的产生等，以达到培养阳阳形成健康意识的目的。

为了激发阳阳的学习兴趣，我还通过讲述《我不再吃手了》《细菌不是用来分享的》《宝宝的手指》等故事，让阳阳在听故事的过程中感受吃手会产生的后果，从而下决心改掉吃手的坏习惯。

当然，同伴的监督可以起到事半功倍的效果，我们也积极发动小朋友们来帮助阳阳改正不良习惯。

虽然大家都很喜欢阳阳，但也有个别小朋友因为他吃手的不良习惯而拒绝跟阳阳玩。

有一次在玩音乐游戏"找朋友"时，阳阳找到需需，到了握手时，需需不跟阳阳握手，还说："我不想跟你拉手，因为你吃手。"

阳阳听了很难过。

我看到了，及时安慰阳阳："其实每个人都有不良习惯，只要我们改了，别人还会喜欢我们的。"

其他小朋友也围过来安慰阳阳。

我鼓励大家一起帮助阳阳改正吃手的坏习惯，很多幼儿表示同意。

于是，不论是午睡时，还是在活动中，幼儿在一日生活的时时刻刻，只要有人发现阳阳吃手就会帮助他纠正。就这样，多种方法同时实施，阳阳吃手的坏习惯有了很大程度的改善，尤其在和小朋友一起玩游戏、讲故事中，他的认真、专注，转移了他吃手的注意力。

我们的收获，当然要跟阳阳的家长及时分享，阳阳妈妈表示阳阳在家也不怎么吃手了，变化很大。

通过这件事，家园之间的沟通与合作更加密切，我也注意引导阳阳阳妈妈建立科学的育儿观，提高家庭教育的能力。

现在阳阳妈妈时常主动找我探讨教育幼儿的方法，每次阳阳妈妈眼里都会流露出信任的目光，这让我很欣慰。

我个人也很注重学习《纲要》《指南》的精神，并将学到的精神认真贯彻到实际工作中，以不断提高自己的专业能力。在实际工作中，我以幼儿为本，根据孩子的差异因材施教，使幼儿身心得以健康、全面发展。

四川省成都市锦江区嘉祥英卓恩幼儿园　徐梦帆

 挑食偏食的小蕊

小蕊挑食、偏食较严重，对于青菜摄入较少，身材偏瘦，每次就餐都要等到最后让老师喂，或者直接不吃。

小蕊从小是爷爷奶奶带大的，老人过度溺爱，导致小蕊生活自理能力很差，尤其是吃饭，每次都跟打仗一样。

最近一段时间，因小蕊奶奶生病，小蕊妈妈忙着照顾奶奶，小蕊有点被冷落，所以动不动就发脾气，还摔东西，吃饭更是令人头大。

午餐时间，幼儿们拿着勺子津津有味地吃起来。小蕊坐在椅子上，完全没有要吃饭的意思。

我走过去提醒她："小蕊，吃饭了哦。"

小蕊抬起头看着我说："我不想吃，这个很难吃。"

我说："不吃饭会没有劲儿玩接下来的游戏哦。"

小蕊坚定地看着我说："我就是不想吃。"

"那我喂你吃饭吧。"我准备喂她吃饭。

小蕊看了看自己的碗，很不客气地推到了一边，双手抱了起来。见我要说话，便一下将身子转向了后面，不搭理我。

《指南》中指出：幼儿阶段是儿童身体发育和机能发展极为迅速的时期，也是形成安全感和乐观态度的重要阶段。发育良好的身体、愉快的情绪、强健的体质、协调的动作、良好的生活习惯和基本生活能力是幼儿身心健康的重要标志，也是其他领域学习与发展的基础。幼儿需要健康饮食，才有利于身体的正常发育，教师应该帮助幼儿了

解食物的营养价值，引导他们不偏食不挑食、少吃或不吃不利于健康的食品。

我知道小蕊挑食偏食不是一天两天的事情，跟她的妈妈沟通，他们承认对小蕊的偏食有一些纵容，小蕊不吃什么，他们就不做。

教育幼儿需要家长的支持与配合，家长也需要树立正确的教育观念。我帮助小蕊的家人认识到了幼儿挑食的危害，向他们介绍了如何保障幼儿营养平衡的知识，帮助他们建立起正确的饮食观。我与小蕊妈妈还达成共识，家园要求要一致，在家不能纵容幼儿，一定要配合幼儿园做好小蕊的引导工作。

新的一天，我们的早餐是大米粥、海带丝、炒胡萝卜、烤蛋糕。幼儿们都大口地吃起来，很快就有小朋友要第二份饭菜。

我走到小蕊身边，看到小蕊手里拿着一块咬了一小口的蛋糕，大米粥和小菜都没吃。

我在心里叹了口气。

小蕊看了看我，没说话。

我拿起勺子舀了一口饭放到小蕊的嘴边说："小蕊，来喝口粥吧。"

小蕊看着勺子里的粥，闭紧了嘴巴。

我说："你先喝一口尝尝，你看，小朋友们都爱喝呢。"

小蕊的嘴巴闭得更紧了，并且开始掉眼泪。

见她这样，我把勺子先放了回去，然后开始跟她交流："小蕊，今天的早饭不好吃吗？"

小蕊点点头。

"是什么不好吃？"

小蕊又不说话。

我继续问道："那小蛋糕好吃吗？"

小蕊摇摇头说："太干了"。

"小菜好吃吗？"

小蕊摇摇头说："里面有胡萝卜。"

"粥好喝吗？"

小蕊继续摇头。

我又问："你不是很喜欢喝大米粥吗？"

小蕊说："里面还有别的东西。"

小蕊对饭菜不感兴趣，不喜欢吃的一点儿也不想吃。

我跟她讲了饭菜中的营养能带给身体的好处，还讲了有趣的小故事，在这样的氛围下，小蕊才勉强喝了几口，但至少愿意张口吃饭了。

为了做好小蕊的引导工作，我去请教有经验的前辈，前辈给我支招：可以让小蕊担任相应的角色，提高责任意识，在潜移默化中改变她的习惯。

于是，我让小蕊做了小班长，鼓励她做好表率。

到了午点时间，我给幼儿分发了香蕉，大部分幼儿很快就吃完了。

小蕊的香蕉也吃了一半，我鼓励道："小蕊今天有进步，已经吃了一半了！"

小蕊听到我的鼓励，有了动力，不一会儿就将剩余的香蕉吃完了。

吃完之后她端着盘子走到我面前说："我今天是小班长。"说完高兴地端着盘子进了盥洗室。

鼓励，对小蕊有用，我很开心。

接下来的几天，虽然小蕊依然挑食偏食，但不会再像以前那样对食物无动于衷了，好吃的多吃，不喜欢吃的少吃，不会再饿着肚子了。

我建议小蕊妈妈在家为小蕊做各式各样的饭菜，而不是只做小蕊喜欢吃的饭菜，家园协作一起帮助小蕊改掉挑食偏食的不良习惯。经过一段时间的引导，小蕊的挑食现象减少了，妈妈也反映小蕊在家有进步。

我对小蕊在园吃饭的问题，也没有像以前那样发愁，我相信小蕊能自己解决问题。

又到了午饭时间，排骨米饭，这是幼儿们最爱吃的饭菜之一。幼儿们大口大口地吃着，当我转了一圈走到小蕊身边时，她的碗里还是满满的没有吃。

我指了指她碗里的排骨米饭，示意她要加油了，她看了看我低下头，开始吃起来。过了一会儿我又走到小蕊身边，她的碗里还是满满的。

排骨米饭是小蕊最爱吃的，今天怎么有点反常？

我问道："小蕊，怎么不吃饭呢？"

小蕊说："老师，这个我咬不下来。"

我说："今天的肉煮得很烂，怎么会咬不下来呢？"

小蕊说："我不敢使劲咬，我这颗牙快要掉下来了。"她指了指已经松动的牙齿。

原来如此，我松一口气。于是，我把她碗里的肉舀到盘子里弄碎，又给她盛了些汤端来，小蕊开心地吃起来，并且还要了第二碗。

为了巩固小蕊的改变，我开展了一系列关于健康饮食的教育活动，加深幼儿们对健康饮食的理解。

家庭那边，我建议小蕊妈妈不要放松教育与监督，要继续加强对小蕊的进餐引导，让幼儿懂得合理搭配饮食，从而摄入更丰富的营养。

山东省滨州市滨城区市东街道中心幼儿园 辛瑞婷

同频协商，双向奔赴

幼儿园要高质量发展，就必须要发挥家庭、园所两大教育主体的优势，创设家园同频共振的育人环境。

多年来，我们积累了丰富的家园沟通与交流的经验，为了进一步提高家长参与幼儿园工作的主动性，强化家园之间的沟通与合作，使家园共育发挥最大化价值，我们尝试开展班级特色主题系列共育活动，为家长创设沉浸式参与幼儿教育的环境，设计互动且有趣的游戏，使家园之间的沟通与协作更加轻松，也进一步拉近彼此的距离。

基于这样的想法，我们首先精心设计了"同玩一个游戏"活动，游戏领域涉猎广泛，有运动游戏——回家的路、语言游戏——我的小诗、益智游戏——各种各样的桥，等等。

同样的游戏规则，同样的游戏材料，让幼儿们先玩，我们将每个幼儿的游戏表现用视频的方式进行记录。

接着在开家长会的时候，我们改变了以往"我说你听"的模式，先让家长玩幼儿们玩过的游戏，引导家长用幼儿的视角进行思考。

同样的游戏，家长的表现跟幼儿的表现是不同的。

这时，我们展示幼儿游戏的视频，鼓励家长们进行自我评价和评价幼儿的表现。

他们认真观察幼儿游戏的状态，很是感慨。

原来，幼儿是这么厉害的游戏高手，孩子们在游戏中的表现让他们惊奇。

他们看到了幼儿在游戏中的各方面潜能和能力，从心底肯定了幼儿是有能力的学习者。

通过"同玩一个游戏"的亲身体验与参与，家长不再是旁听者，而是参与者、体验者，从游戏实际的表现水平出发，对于幼儿的能力有了全新的认识和判断，对于教师的专业水准有了进一步的明晰与认同。

这比传统的说教式的、单方面输出的沟通模式的效果要好很多，无须多言，通过观察、体验、感受使家长信服，为更有效的协商式家园共育打下良好的基础，也让我们教师的立场更加坚定。

在家长们充分肯定和认可幼儿的内在能力之后，我们进入到下一阶段。

对此，我们设计了"同读一本书"活动，要求每个幼儿将自己日常生活中最喜欢的书带来幼儿园参与图书漂流活动。

每个家庭每周可以借阅一本书，利用周末时在家进行亲子阅读，在阅读的过程中，建议父母和幼儿尽量多地进行沟通和交流，阅读完毕后，幼儿和父母分别完成一张阅读记录表，两张记录表的内容大致相同，但是表达和表现的形式不尽相同。幼儿们可以用图画、符号甚至语音进行记录，家长则是用文字进行记录。

周一来园的时候，幼儿要将借到的书带回幼儿园，然后和同伴们分享自己的阅读体验。

一个月下来，幼儿们积累了一定程度的阅读量，我们举行了评比活动，由家长和幼儿一起投票，选出"故事大王"。

在这个过程中，幼儿被充分尊重，促进了幼儿全面的、可持续能力的发展。

为了培养幼儿的自主意识和责任心，我们还开展了"同种一颗种子"的活动，请幼儿们把两颗同样的种子种植在两个相同的器皿中，然后将一个带来幼儿园放在植物角精心照顾，另一个则是放在家里和爸爸妈妈一起照顾，看看哪颗种子长得更好。

活动刚开始，大家旗鼓相当，可是随着时间的推移，很多状况和差异逐渐出现，有些幼儿的种子已经枯死，而有些幼儿的种子发芽了。

通过对种子发芽时间的先后、长势、对种子的照顾等的观察，家长和幼儿们展开了对话和分享，他们都很认真地对待这些事。"同种一颗种子"活动不仅促进了亲子关系，提高了家长的参与度，也使幼儿的责任心得到了良好的发展。

家长也在班级群中分享了幼儿们在活动中的喜悦和收获，亲眼见证了幼儿的点滴进步，并表示这样的活动很有意义，比以往要求幼儿从家中带绿植去幼儿园更有教育价值。因为之前要求幼儿带绿植去幼儿园进行的种植活动，家长没有参与其中，无法切身体会幼儿的用心与成长，而"同种一颗种子"这样的活动，家长能够参与其中，感受更真实。这便是协商式家园共育最好的体现，让家长从幼儿的行为中去发现、去感受，比生硬的、例行公事的传统沟通模式更直击心灵，也使家长能够更加支持与配合幼儿园开展的活动。

有效同频的协商共育并不是一蹴而就的，而是需要循序渐进的教育策略的支撑，希望在教师的设计和推动下，班级的家园协商共育能继续同频共振、双向奔赴，共促幼儿健康、全面地发展。

复旦大学附设幼儿园　陈冰讷

用好家园沟通这座桥

家园沟通在幼儿园的工作中是一个非常重要的环节，良好的合作和沟通不但能够有效地促进幼儿的发展，也能减少很多不必要的误会，还能合理地利用家长资源开展灵活多样的教育方式，共同为幼儿的进步架起一座桥梁。但是，很多时候我们在沟通中总会遇到很多的困扰和不解。

我曾带过一个小班幼儿小旭，小旭大大的眼睛，白白的皮肤，个子比同龄的小朋友都要高一些，但是却很瘦。刚来幼儿园的时候，他跟另外几个幼儿都不会自己用餐，我们就把他们分在用餐比较好的几个组，想让他们在其他小朋友的影响下尝试自己独自用餐，还经常鼓励和表扬他们，也会发小礼物激励他们，渐渐地小旭主动用餐的积极性高了，虽然吃得慢一些，有时候还会挑食，但是我们都看到了他的努力，进步也很大。

可是后来慢慢地发现，每次周一来园的时候就是小旭用餐最差的一天，他经常呆呆地看着餐盘，迟迟不肯自己动手，总是要等老师过去干预才慢吞吞地吃上几口，然后就不吃了，等着老师来喂。

我问小旭："小旭，在家里是妈妈喂你吃饭吗？"

他摇摇头说："是奶奶喂。"

我就跟他做了个小约定："现在我们已经是幼儿园的小朋友了，我们要学会自己的事情自己做哦，如果以后你都自己用餐，老师就会给你颁发一个'光盘小明星奖'好吗？"

他听了很高兴，还保证回去要自己用餐，不要奶奶喂饭。可是等下一周来的时候他还是一如既往的不能很好地自己吃饭，总是吃到最后一个，盘子里还剩很多。

　　于是在离园时，我与小旭奶奶进行了沟通，表达了希望奶奶能够放手让幼儿多一些锻炼的机会。可是小旭奶奶心疼小旭，总是忍不住喂饭，问题还是没有得到解决。

　　后来经过跟小旭妈妈沟通了解到，小旭爸爸妈妈平时工作都很忙，没有时间管小旭，小旭基本都是交给奶奶照顾，从小到大奶奶对这个宝贝孙子宠爱有加。祖辈带幼儿照顾精细，包办是常见的问题，可是这样往往会阻碍幼儿的健康发展。

　　我思索着如何跟小旭奶奶做进一步沟通，有一次放学小旭的奶奶来接得晚了，奶奶说她是因为忙家务忘记了时间，才晚来接小旭。我马上抓住她平时照顾小旭比较辛苦，肯定了她把幼儿照顾得很好，也表扬了小旭其他方面的优点，再以亲切、温和的口吻切入不要喂饭的话题。我还给奶奶看了一些小旭平时在幼儿园自己用餐的照片，特别是有一次他光盘后笑得特别的开心和有成就感！这跟他平时内向的性格形成了明显的对比。

　　看到小旭在幼儿园的表现，小旭奶奶沉默了。

　　通过这次沟通，小旭在家需要奶奶喂饭的次数减少了，在幼儿园用餐的情况也越来越好。这次家园沟通，形成了家园合力，不但使幼儿在生活习惯、自理能力上取得明显的进步，一致的教育理念也使幼儿获得更大的收获。

　　现代社会，在电子产品盛行的年代，幼儿越来越早地接触到了电子产品，长时间观看电子产品不仅会影响幼儿的视力，也会使幼儿对电子产品更依赖。为了减少幼儿看电子产品的时间，我们会注意引导幼儿阅读纸质绘本，这不仅可以减少幼儿对电子产品的依赖，还可以培养幼儿阅读的兴趣，养成良好的阅读习惯。

　　在我们班上有一位不爱看绘本的幼儿，每次区域游戏时间，他从来没有选过阅读区，即使有好看的立体书也吸引不了他。每次午餐结束时，很多小朋友会选择喜欢的绘本津津有味地看起来，他却不会表现出丝毫兴趣。

有次我跟这名幼儿的妈妈沟通了这个问题，妈妈说家里给孩子买了很多绘本，但是他确实不爱看，有时候拿起书翻几下就随手扔在一边了！

我建议这位妈妈不要一次给幼儿买太多绘本，可以先引导幼儿慢慢跟绘本故事建立起情感，家长也可以和幼儿共同阅读。如果条件允许，可以在家里给幼儿布置一个阅读角，通过亲子阅读逐渐培养幼儿的阅读兴趣，在他有欲望要表达故事里的内容时，家长要认真、耐心地聆听，培养他的自信。还可以让他把故事的情景表演给家人看，慢慢地他就会越来越喜欢阅读。后来，这名幼儿在幼儿园经常会给小朋友们分享好听的故事，还逐渐成为了我们班上的"故事大王"。

家园沟通让家长和老师都更加深入地了解到幼儿的不同面，对幼儿的教育起到了非常关键的作用。

要进行良好的沟通，达到沟通的效果，沟通的方式也很重要。

现阶段，大家都习惯了用快捷的通信工具进行沟通，热衷于通过发送文字传达自己的意图。而我在与家长的沟通中，除了一些必需的信息需要通过文字传达外，大多数时候我都是通过电话沟通，因为我觉得电话可以第一时间捕捉到家长的态度。

记得我们班上有个男孩子非常调皮，一次户外体育锻炼时，他跟另一个小朋友跑到小木屋玩，后来他的胳膊受伤了，我们第一时间用冰敷处理。

当天放学的时候，我们就跟他的奶奶做了沟通，奶奶表示磕磕碰碰很正常，没关系。可是第二天，这名幼儿的爸爸妈妈就一起在微信上找我，拍了幼儿淤青的胳膊的照片，还说另一个幼儿没有跟他道歉。

面对这样的情况，我第一时间选择了电话沟通，首先跟幼儿的妈妈表示抱歉，昨天没有跟她再解释一下孩子受伤的原因，并说明了当时让另一个小朋友用冰敷的方式帮他进行了应急处理，也描述了当时的情况，让他们了解小朋友不是故意的。

经过一番电话沟通，家长表示了对我们工作的理解和支持。

家园沟通让我明白，幼儿每天都在成长和进步，作为老师，我们一定要跟家长建立及时有效的沟通，通过交流才能建立良好的情感纽带，让家庭和幼儿园保持一致的理念和目标，从而保证幼儿全面健康发展。

江苏省苏州市吴江区英仑伟才幼儿园 徐妹勤

家园沟通，温暖育人

　　教育事业简单平凡，但是其中也有快乐和幸福。

　　《纲要》指出：幼儿园应与家庭、社会密切合作，综合利用各种教育资源，共同为幼儿的发展创造条件。幼儿园和家庭作为幼儿受教育的主要场所和载体，有着各自的职责和功能。教育并非老师个人的义务，而是需要班级和家长的共同努力，只有积极建设好与家庭的沟通渠道，才能了解幼儿成长的环境及在家庭中接受到的教育，实现对幼儿教育更深层次的理解。

　　皮皮是一个男孩，口齿不太清楚，大家觉得他说话费劲就不想跟他说话。

　　时间一长，皮皮变得有些自卑。

　　我私下与他的家长沟通，才知道他口吃是因为前庭感统失调造成的，虽然已经进行了语言训练和相关方面的治疗，但短时间内并未收到较好的效果。

　　我查阅了许多专业资料，语言刺激有助于幼儿改善口吃。

　　于是，我积极鼓励皮皮参加讲故事比赛。

　　一开始他讲得确实不好，但通过反复练习，他能够将故事讲完整。

　　后面，通过家园的紧密沟通与合作，皮皮的进步非常明显，自信心也提高了，变得勇敢和开朗。

　　家园沟通是家园合作的基础，是促进幼儿健康、全面发展的有效途径，只有深入沟通才能更加了解幼儿，从而有针对性地展开教育指导。

其实，在班级内不擅长交往的幼儿不少，昊昊小朋友爱思考，但集体生活的融入性较差，不擅长和小朋友交往，当遇到不喜欢的活动时就会产生极大的抗拒心理。

我及时与昊昊的妈妈沟通昊昊在园情况，从昊昊妈妈的陈述中了解到，昊昊是一个缺乏安全感的孩子，很容易焦虑。

我开始关注他，他时常一个人，看上去有些孤独。

不过，我也发现了他的优点，他的语言表达能力很强。尽管他很少说话，但每次说话的时候，思路清晰、语言流畅。

我时常找他谈话聊天，时间久了就对我熟悉了，胆子就大起来。

我建议昊昊的妈妈在家也和昊昊多沟通，帮助他了解幼儿园，信任同伴和老师。

我在班级里也会给他表现的机会，发挥他的所长，后来还做了小班长、小组长，脸上散发着自信的光芒，也有固定的朋友常在一起玩耍、学习。

教育是一条漫长的道路，可能路上会有各式各样的阻碍和障碍，但是只要坚持教育的初心，不断学习，就可以使问题迎刃而解。

幼儿的身体和心理发展都处于快速成长的关键时期，他们的情感丰富但缺乏稳定性，心理活动复杂多变，也时常表现出不同的行为习惯。

幼儿园和家庭作为幼儿生活、学习的主要场所，要注重观察、分析幼儿的表现，准确解读幼儿行为背后的心理意图。

教师更需要有足够的敏感度和观察力，关注幼儿在一日生活中的表现，发现问题，及时与家长沟通，双方合力制定具体的方案措施，对症下药，共同为幼儿的健康发展保驾护航。

当然，家园协同教育离不开沟通机制的建设。

我们会积极通过家长会、家访的方式，及时地与家长就幼儿在园和在家的情况进行沟通，把握住教育幼儿的关键。

随着科技的发展，家园沟通不再是单一的面对面交流，我们也会充分利用现代通信工具与家长沟通交流，这样更及时、更便捷。

我们还开创了"漂流日记"的形式，来实现家园沟通与共育，家长们可以通过这种形式反馈问题、分享经验，满足有不同需求的家长。

而"掌通家园"APP的使用，更是大大提升了家庭与幼儿园之间的有效互动。在"掌通家园"上，家长可以分享幼儿在家的情况，教师可以根据家长提出的问题及时回复，其他家长也能看到，这样可以使有同类问题的家长互相学习、参考。

安全问题一直是家园最为关心的问题，家长可以通过"掌通家园"进行打卡，教师查询考勤就可以一目了然，为幼儿入园、请假提供了一定的安全保障。

经过多年实践，我们已经形成了比较成熟的家园沟通机制，家园协作有序进行。在以后的家园合作中，我们会通过沟通、交流、指导的方式，增强家长对幼儿教育的参与感和耐心，也积极创设家园联合活动，让家长走进幼儿园，从长效机制上培育健康积极的教育环境，促进幼儿健康成长。

为了拓展家园沟通与互动的途径，使家园联系更紧密，我们会邀请家长走进幼儿园课堂，共同策划、组织教育活动，突出家长的教育主体作用，紧密家园关系、师生关系、亲子关系，这对幼儿的教育具有积极意义。

江苏省靖江市第二实验幼儿园　吴沁梓

信任相伴，携手共育

开学第一天，豆豆吸引了我的注意，不是豆豆哭得多么大声，而是所有幼儿都在认真喝牛奶时，豆豆手足无措地直跺脚。

我走过去问："豆豆，怎么不喝牛奶呢？"

豆豆奶声奶气地说："我不会用吸管。"

回想之前豆豆妈妈跟我嘱咐过：豆豆在家都是把牛奶倒在杯子里喝，他不会使用吸管。

就在这时，豆豆妈妈的短信发过来，询问豆豆在园里有没有喝牛奶。

看过短信，我走近豆豆，豆豆是一个面目清秀的男孩，皮肤白白净净，眼睛清澈明亮。

我蹲下身子关切地问："豆豆，喜欢喝牛奶吗？"

豆豆点点头。

我把牛奶的吸管插好，放到豆豆的嘴边："豆豆，你试一试用吸管喝牛奶。"

豆豆轻声说："我不会。"

我抱着豆豆看其他小朋友用吸管喝牛奶，并跟豆豆说："我们来看看其他小朋友是怎么用吸管喝牛奶的。"

看过其他小朋友喝牛奶后，豆豆乖巧地张开了嘴，可是吸管含在嘴里豆豆不知道怎么吸。

我给豆豆做示范，让他观察我嘴的变化，其他幼儿过来给豆豆加油。

终于，我看见豆豆吸管里的牛奶慢慢地吸到了嘴边，豆豆舔了舔嘴巴高兴地说："你看，我吸到啦！"

我用手机拍下豆豆用吸管喝牛奶的视频，发给了豆豆妈妈。

豆豆妈妈激动地对我说："老师，你太厉害了，我在家教了很久，豆豆就是学不会，去幼儿园一天就学会了，你们真专业。"

隔着手机屏幕我能感受到豆豆妈妈的开心，家园共育最重要的一步就是取得家长的信任，通过喝牛奶事件，我取得了豆豆妈妈的信任，这是一个良好的开始。

在我刚沉浸在豆豆学会了新本领之际，新问题接踵而来。

豆豆不会用勺子吃饭，老师不喂，豆豆就不吃。

我知道新生入园总是有各种不适应，幼儿需要成长，家长需要放手，我决定和豆豆妈妈合作。

在经过深入的沟通后，我了解到平时都是奶奶带豆豆，吃饭从来都是奶奶喂，豆豆属于"衣来伸手饭来张口"的典型。

豆豆妈妈在医院工作，平时对豆豆的卫生习惯比较看重，如果豆豆自己吃饭就会把饭菜撒得到处都是，就没有锻炼豆豆自己吃饭的能力，导致豆豆的自理能力很差。

针对豆豆需要喂饭的问题，我决定用一系列的小游戏来解决。

我先用"打手枪"的游戏，引导豆豆掌握拿勺子的正确方法。

然后用"挖土机"的游戏，鼓励豆豆大口挖饭。

再用"搅拌机"的游戏，激励豆豆把饭菜嚼碎。

最后用"小电梯"的游戏，帮助豆豆把饭吞进肚子里。

豆豆很喜欢这些小游戏，慢慢地不再依赖老师喂饭，自己拿起勺子也能把一碗饭吃完。

可是不管在幼儿园里豆豆吃饭进步多大，只要过了周末，豆豆依赖成人喂饭的毛病又会反弹。

我和豆豆妈妈再次进行沟通，在幼儿园和在家里要保持同步，不能三天打鱼两天晒网，如果家里的要求和幼儿园的要求不一样，豆豆就会认为在幼儿园里的事情要自己做，回家就不用自己做了。

豆豆妈妈听了我的话开始反思，他们觉得豆豆自己吃饭太慢了，所以忍不住要喂豆豆。

我强调"家园同步"的重点在于强调家园教育要一致，不仅仅是思想教育和观念的一致，教育措施也要保持一致。

豆豆妈妈表示会改正，并与幼儿园的要求同步，还承诺会说服豆豆的奶奶。

在家园紧密的沟通与合作下，豆豆不再需要喂饭，独立性有所增强。

有一天，刚吃完午饭，幼儿们都去卫生间漱口、解便，准备睡觉。

豆豆一个人站在阅读区的角落，不管我怎么叫他，他就是不去卫生间。

我走到豆豆身边，闻到了一阵臭味，我心想估计豆豆拉裤子了，所以有点难为情。

我等着其他幼儿都进了卧室，拉着豆豆去卫生间。

打开裤子一看，果然，豆豆把粑粑拉到了裤子里。

我赶紧找到豆豆的书包，找备用裤子，但书包里只有一个尿不湿。

我又连忙给豆豆妈妈打电话，豆豆妈妈匆忙把换洗裤子送到了幼儿园，我才知道原来豆豆每次在家里拉臭臭都要穿上尿不湿。

我跟豆豆妈妈说了培养豆豆自理能力的重要性，希望他们能够培养豆豆的各种能力，这样豆豆在幼儿园过集体生活的时候才不会吃力。

几天后，我收到了豆豆妈妈的短信："老师，自从豆豆出现了上次拉裤子事件后，我们全家人也认真反思了，因此最近都在训练他坐马桶大便，感觉豆豆产生了一些恐惧心理，有点排斥上厕所，每次喊他去厕所就说没有便便。但是忍不住了又喊着要上厕所,但一让他坐在马桶上就说拉不出来……这种情况该怎么引导他呢?"

我回复豆豆妈妈:"不要急于求成,要给豆豆一个接受马桶的过程。"

接着,我找来了相关绘本,如《我的神奇马桶》《我会用小马桶》《出发,便便救援队》等。我把这些绘本交给豆豆妈妈,建议她通过讲故事的方式先引导豆豆不排斥马桶。

在幼儿园,我则通过一系列的游戏、教学活动,教会豆豆知道马桶的作用,然后慢慢习惯坐着拉便便……

有一天晚上,豆豆妈妈迫不及待地和我分享了一个好消息:"豆豆今天晚上自己在马桶大便了,太激动了,豆豆的每次进步都离不开你们的帮助和支持,非常感谢!"

其实,每年的新生入园,总会遇到很多焦虑的家长,为幼儿吃饭、睡觉、不爱说话等发愁。但幼儿是有能力的、独立的人,通过积极的引导,幼儿是可以很快适应幼儿园的。

作为教师,需要做好家长工作,保持密切的沟通,形成教育合力,这样的幼儿教育将事半功倍。

中国人民解放军陆军军医大学第二附属医院幼儿园 徐文静

家委会升级了

随着幼儿园办园质量的提升，我们以整合家园优势、促进家园沟通、提升保教质量为己任，努力夯实幼儿园家长工作，以家委会为重要载体，实现幼儿、家庭与幼儿园的同步协作。但随着交流沟通的深入，也有很多问题逐步暴露出来。虽然家委会能够在幼儿园和家长之间起到桥梁作用，但是每次的家园协作，家委会的统筹引领作用显得很随机，并没有形成自主意识，家委会很少主动向幼儿园反馈家长的需求。我们找来家委会代表沟通现状，家委会代表反馈主要是大家都各自有事，不能很深入地投入幼儿园的工作，并且也没有系统的方式去主动反馈家长的需求，因此显得对家委会的工作不那么积极。

家园工作一直是我们很重视的内容，得到家委会代表的反馈，我们积极组织园里的骨干教师针对这些事情进行商讨。

大家一致认为需要升级家委会的工作内容，制定较为完善的工作制度。在集体的智慧下，我们拟定出了定期例会制度、对口联系制度、家长义工制度、驻校办公制度、参与评议制度、参与决策制度。

定期例会制度就是家委会每学期至少举行两次成员例会，与幼儿园积极交流家长们的需求并反馈问题，对于家长合理化的建议要积极采纳。

对口联系制度就是家委会按照幼儿园的工作实际，分成德育、教学、后勤、家庭教育指导等若干小组，对口联系幼儿园相关负责人开展经常性的工作沟通与配合，确保有序开展工作。

家长义工制度就是由家委会发动和组织广大家长发挥自身的优势和特长，担任幼儿园义工或志愿者，参与幼儿园教育教学活动、社会实践活动。

驻校办公制度就是由家委会成员轮流值班，坚持每周半天驻校办公，如进行校园巡查活动、随堂听课、与教师互动交流、接待家长来访等，并进行详细的记录与评价，提出一些有建设性的建议或改进措施，让更多的家长志愿者参与幼儿园各项活动的组织和管理，实现家校协作零距离。

参与评议制度就是家委会参加对幼儿园工作的评议，如年终家委会组织全体家长对幼儿园工作进行综合评价，做好幼儿园与家长之间的沟通，起到桥梁纽带作用，促进家长对幼儿园工作的理解与支持。

参与决策制度就是家委会参与幼儿园的发展规划、工作计划等重大事项的决策，如参与制订园所新学期的工作计划，对幼儿园工作的开展起到了参与、监督的作用。制定了这一系列的制度，使家委会的工作开展起来有制度可依，逐渐规范化。

接下来，在幼儿园全面实施保教工作的过程中，家委会作为重要的组成部分，在各级各类保教活动中积极融入，体现出了家委会工作的实效性。

我们每学期各年龄段都会组织幼儿进行早操律动评比，家委会成员悉数参加，全程观摩，并为各班打分，家委会成员有很强的主人翁意识。

为了激发幼儿早期阅读的兴趣，培养语言表达能力，激发无限想象，促进亲子情感，我们开展了看图编故事比赛，由家委会成员、教师代表组成评委团，助推幼儿大胆表达，真正体现了家园协作的意义。

不仅如此，家委会还自发组织了亲子运动会，吸引了全园24组参赛家庭来园共享运动的快乐，获得了家长的认可；紧接着又牵头开展"低脂健康"小超人家长厨艺赛，提升家长对幼儿科学膳食的指导能力，促进每位幼儿健康成长。

在幼儿园各类节庆活动中，更少不了家委会成员的身影。他们为幼儿园积极谏言、拓展思路、优化活动组织内容。如重阳节，家委会积极筹备"百善孝为先"敬老爱老调查活动，并做好记录、活动汇总、信息发布等。又如迎新活动，为"童心贺新年"活动方案提出优化建议，确保活动效果优质高效。为了让更多的家长感知幼儿园各类节日活动，每逢三八节、劳动节、端午节等节日，家委会通过微信公众号及时转发活动信息，并组织班级钉钉群开展线上观摩。

为了使家委会工作更加有序，家委会班子还建立了家长资源信息库，依据家长特长不定期邀请他们开展进课堂活动。家长参与助教活动，不仅开拓了幼儿视野，更成为联系教师、幼儿和家长的纽带。

当然，我们也很注重家委会成员自身能力的提升。因为教师与各个家庭面对面细致交流沟通的机会相对较少，这就需要家委会成员提高自身能力，能够对家长们反馈的问题进行有效指导。如结合小班新生入园的关键问题对家委会开展专题培训，促使家委会有能力指导其他家长消除新生入园疑惑，帮助每个幼儿都能较快地适应幼儿园。

为了更好地践行"幼儿发展为先"的理念，相信家委会将秉持一如既往的务实高效，为家长提供服务、为家庭谋福利，共同谱写"家园齐心，共育童心"的新篇章！

上海市嘉定区迎园幼儿园　吴晓蓉

游戏故事促家园沟通

当前课程游戏化的背景下,游戏成了幼儿园的重要活动。

但很多家长不理解幼儿园开展游戏活动的重要性,尤其是爷爷奶奶甚至认为这些游戏活动就是让幼儿在教室的一角随意游戏,而教师则无所事事,他们认为教师应该组织更多的集体教学活动为幼儿上小学打好基础。

《指南》指出:通过提出3—6岁各年龄段儿童学习与发展目标和相应的教育建议,帮助幼儿园教师和家长了解3—6岁幼儿学习与发展的基本规律和特点,建立对幼儿发展的合理期望,实施科学的保育和教育,让幼儿度过快乐而有意义的童年。

为了让家长更清楚地了解我们教师的工作细节,知道游戏背后教师的专业观察与指导,我们以游戏故事为沟通内容,在相互沟通中让家长更加了解幼儿并感悟教师在不同时期对幼儿的关心和爱护,让家园沟通变得有话可聊;建立家园信任,家园合力共同促进幼儿的学习与发展。

我们先录制了一个发生在益智区里的游戏故事。

游戏中,杨杨先把两块最长的车道连在一起,接着用手拿着小车在车道上手动开着,同时嘴巴里发出"嘟嘟——"的声音。游戏过程中,他一边看向材料筐,一边观察其他小朋友在做什么。突然,杨杨被材料筐里的操作纸吸引,他看了看操作纸上的图片,又看了看自己搭的车道,对照着操作纸做出了三层车道。

有了这次经验，杨杨又找来一张操作纸，仔细观察后，做出了第四层。接着又有了第五层。

杨杨兴奋地呼唤小朋友来看他的"杰作"，得到大家的喜爱，杨杨很自豪，大家一起玩开赛车游戏。

在这个游戏中，杨杨已经能用多种感官或动作去探索物体，关注动作产生的结果，通过不断调整，创造出不一样的作品，游戏水平也在不断提高。

我们把这个视频发给家长们看，很多家长看到这个视频有点不敢相信。了解到我们在观察幼儿游戏时如此细致，让他们对幼儿的游戏有了新的认知。

幼儿在游戏中不仅是单纯的游戏，也是一个学习与创造的过程。有家长反映，希望我们能够给他们多分享一些幼儿的游戏故事，以帮助他们更多地了解科学的教育理念。

此后，我们通过不断分享游戏故事的形式，帮助家长更新教育理念，了解幼儿园工作，感知教师的用心与专业，不断加深家园的沟通与合作。

我们班的诺诺在刚入园的时候，不会使用筷子，需要教师喂饭。后来教师一步步教诺诺学习使用筷子，手把手教，诺诺能够一点一点把饭扒进小嘴巴。

为了促进诺诺更快地学会使用筷子，我们在生活区设置了"夹弹珠"游戏。

先让诺诺用筷子夹静止的弹珠，一开始总是夹不好，即使夹住也会掉，但经过一段时间的练习，诺诺能够很快夹起弹珠了。

于是我们加大难度，让诺诺夹滚动的弹珠，游戏中她是那么认真、专注。

游戏不仅仅是游戏，游戏中也锻炼了她的各种能力。

现在，诺诺能自如地使用筷子了。

吃面条的时候，面对滑溜溜的面条，诺诺也能夹起来送到嘴巴里。

诺诺通过自己的努力，慢慢学习并掌握了使用筷子的技能。在这个过程中，诺诺不怕困难，不断进步，在体验成功感的同时，也提高了自信心。

我们把诺诺夹弹珠的视频分享给家长们，家长们由衷感受到了幼儿游戏的力量。

诺诺的家长还说，他们在家也利用游戏训练和巩固诺诺使用筷子的能力，一开始确实难，但他们坚持下来了，还不断变换游戏的玩法，让诺诺保持浓厚的兴趣，就这样一点一点地在"玩中学"，诺诺的进步逐渐呈现在大家眼前，事实证明幼儿是有能力的学习者。

沟通不一定非要借助语言，通过一定的载体达到沟通的目的也是有效沟通。成人要学会倾听幼儿内心的声音，平时一件在我们看来微不足道的事情，在幼儿的心里可能天马行空，关注幼儿的内心需求才能更好地促进幼儿的发展。

在关注幼儿发展需要的基础上，开展游戏故事共享，通过实施有效的教育策略，帮助幼儿提高自身能力，掌握各种技能。这种方式不仅促进了家园之间的有效沟通，也使家园之间的合作更加默契。家园在教育理念、教育目标、教育策略等方面达成共识，让家长感受到幼儿成长的快乐和幸福，有效地形成了教育合力。

江苏省常州市新北区新华幼儿园 郑静

有效沟通提高教育质量

我国著名幼儿教育家陈鹤琴先生说:"幼儿教育是一件很复杂的事情,不是家庭一方面可以单独胜任的,也不是幼儿园一方面可以单独胜任的,必定要两方面共同合作方能得到充分的功效。"由此可见,家园沟通是幼儿园一项非常重要的工作,也是每天教师都在经历的事情。

贝贝是大一班的小女孩儿,马上就要读小学了,可她经常遇到一些小事就哭泣。

为了做好幼小衔接,有意识地培养幼儿自己整理书包以及做事不拖沓的能力和习惯,我用"数数"的游戏方法来锻炼他们在规定的时间内收拾整理小书包,并鼓励幼儿不仅要认真做事,还要有时间概念。

游戏开始了,小朋友们兴趣盎然,充满信心地迎接挑战,唯独贝贝哭了起来。

我问她:"贝贝,你怎么哭了?"

贝贝说:"老师,你数数,我收拾不了小书包。"

"为什么呢?"

"你数完,我还做不完。"

原来,她是有心理压力。

我只能对她放宽要求,配合她先缓解心理压力,再慢慢收拾小书包。

到了午睡时间，贝贝跟往常一样，站在床边哭得稀里哗啦，哭的原因总是不尽相同。

在培养贝贝独立能力、自理能力的道路上，我使尽了浑身解数，效果却是时好时坏。

与家长沟通过无数次，效果不佳。

考虑到贝贝已经大班了，生活自理能力还这么差，加上遇事就哭，不敢面对挑战，我再次与贝贝妈妈沟通，希望能够引起她的重视。但偏偏贝贝妈妈又有点油盐不进，沟通并不顺利。

为此，我们班级里的几位教师，积极想办法。在接下来的沟通中，虽然贝贝妈妈不再像之前那样置之不理，但总是说：

"老师，我们家里就是这样的。"

"老师，你要允许孩子慢慢来。"

"老师，你要看到我们贝贝的其他优点。"

"老师，我们贝贝也有很厉害的一面，她会背诵很多古诗。"

……

贝贝妈妈总是为贝贝辩护。

但为了培养贝贝的独立性，我不能放弃，我先提高对贝贝在园时的各项要求，希望贝贝妈妈看到孩子的改变后，能够配合我们后续的家园协作。

但是有一天，贝贝妈妈主动找我说："老师，贝贝说你对她很凶，这是怎么回事？"

原本的好意，换来的却是家长的质问，有点委屈，但我还是耐心解释了培养贝贝生活自理能力、心理承受能力的重要性，以及提高了贝贝在园的相关要求的目的是希望孩子能在这些方面取得一些进步。

这件事后，贝贝妈妈认为我不喜欢贝贝，才想着让贝贝改变。刚开始我没太在意，认为等贝贝妈妈看到贝贝的成长后，就会理解我。可后来我明显感受到贝贝妈妈对我刻意回避，这直接导致误会加深。

家园沟通没做好，没赢得对方的信任与认可，家园合作怎么能做好呢？我开始反思。

首先，我自以为主动把贝贝生活自理能力差的情况，如实告知贝贝妈妈是一种积极的沟通，没想到这种直白的告知方式没考虑保护幼儿的隐私，家长不接受，还误以为我不喜欢甚至讨厌贝贝，进而使贝贝妈妈产生抵触情绪，对我避而远之。

其次，面对贝贝妈妈的不理解、不配合，我没有坚持有效沟通，而是自顾自坚持对贝贝严格要求，希望贝贝妈妈看到贝贝的改变进而更新自己的教育观念，这导致贝贝接受不了我的严格要求转而向妈妈告状，加深了家长的误会。

意识到这些问题，我积极寻求正确的沟通方法。

我先是改变自身的教育行为，在面对贝贝的怯懦、哭闹时，我不再急于求成，对她的要求适度降低，和她一起面对挑战，或者邀请能力强的小朋友和她一起完成挑战。有了同伴一起，贝贝在面对挑战时不再过度慌张。

在幼儿园看到她一点一滴的进步，我都会鼓励她、肯定她，帮助她建立信心。虽然这个过程较为漫长，但我要求自己要有耐心，不可操之过急，否则还会像以前那样以失败告终。

我转变了自己的心态后，与贝贝妈妈的沟通交流也变得轻松了，贝贝妈妈也松弛了下来。

一个周末，我跟贝贝妈妈约好家访，我们以轻松的聊天方式开始交流沟通。

我先客观描述了贝贝近期的积极表现与进步，然后询问家长是否发现贝贝在家也有了相应的改变。贝贝妈妈说确实发现了贝贝的进步，以前总觉得孩子小不用刻意教育，现在看还是有很多需要学习的地方。

看到贝贝妈妈这个转变，我喜出望外，将心比心，真应该早点改一改自己急躁的性子。

接下来的沟通非常顺利，我们还共同制订出后期提升贝贝各项能力的合作计划。我向贝贝妈妈普及了家庭教育的重要性，期望贝贝妈妈在家庭环境中配合幼儿园工作，形成教育合力，共促幼儿健康全面发展。

"一切为了幼儿"离不开家园合作，苏霍姆林斯基曾说："父母是幼儿的第一任老师，父母若放任幼儿不管，幼儿的恶习一旦养成，学校不知要花多少时间和经历来对他进行'再教育'，这对孩子、家庭和学校都是巨大的损失。"

在接下来的家园合作中，我不仅会努力转变和提升自己，也会帮助家长提高家庭教育能力，家园紧密合作，促使每一次的家园沟通都有效、高效。

陆军军医大学第二附属医院幼儿园　霍宇

自己的事情自己做

新学期开始，我们班针对幼儿自理能力的培养开展了课题研究。

小班幼儿因为年龄小，再加上家庭教育的一些误区，导致相当一部分幼儿如厕后不会使用手纸擦屁股，上完厕所需要老师帮忙提裤子。

我们的理论研究需要大量的材料支撑，家园配合方面是我们研究的重点。

通过与幼儿家长的沟通我们了解到，幼儿在家如厕后，大部分都是家长帮忙擦屁股或提裤子，原因主要有两方面：一是觉得幼儿年龄小能力有限，二是抱着"怕麻烦"的心态，直接包办代替，而这却导致幼儿形成依赖心理，自理能力很差。

针对目前状况，需要提高家长对培养幼儿生活自理能力的重视程度，向家长提出对幼儿在家的要求。因为幼儿的成长有赖于家庭和幼儿园保持教育的一致，双方互相配合、支持，形成教育合力才能保证幼儿良好习惯的养成。

我们向家长倡议，在日常生活中本着"大人放手，幼儿动手"的原则，在家让幼儿自己的事情自己做，尤其是自理能力的培养。如鼓励幼儿独立如厕，教给幼儿如厕后自己擦屁股、提裤子的方法等，家园协同合作提高幼儿各方面的能力。在协同合作的过程中，有家长反映不会具体的操作方法，或者所掌握的方法缺乏科学性。对此，我们首先录制了教幼儿擦屁股的视频在班级群共享以便家长们学习参考。

幼儿手部的小肌肉正在发育中，动作的灵活性、准确性较差。我们在录制的视频中的讲解示范很详细，同时提醒家长要有耐心，不要急于求成，幼儿需要通过反复的练习才能逐渐掌握一项技能。

我们还根据儿歌创编了相关故事，使幼儿在听故事、讲故事的过程中了解养成卫生习惯的重要性。

当然，学习这些方法是为了更好地实践，幼儿的学习不能仅停留在口头上，而应该让幼儿动手操作。

我们给幼儿提供玩具娃娃进行模拟训练，让幼儿先折叠好卫生纸，擦一次小心地折叠一次纸巾，练习正确的擦屁股方法。

接下来就是实战练习，幼儿在园如厕后，引导幼儿自己擦屁股，教师注意耐心指导。

一系列视频的录制，增强了家长们的信心，家园在沟通时就会事半功倍，合作起来也能更好地相互支持与配合。

为了巩固幼儿擦屁股的能力，我们还借助游戏，把擦屁股的训练寓于情景中。采用游戏的方式能把幼儿难以理解或简单的指令变成有趣的模仿活动，提高幼儿学习的兴趣，使幼儿在轻松愉快的条件下增强自理能力。如我们在游戏区投放了一些大大小小的布娃娃，还放置了手纸，让幼儿自主练习擦屁股和提裤子。在游戏中，不仅幼儿的手眼协调能力得到了发展，而且小肌肉也得到了锻炼，幼儿的自理能力得到巩固和强化。

我们将这些技巧及时与家长共享，经过一段时间的实践，家长的思想和意识发生了改变，意识到培养幼儿自理自立能力的重要性。

我们趁热打铁，又录制了幼儿自己吃饭、洗手、收拾玩具等与自理能力有关的视频，时刻关注幼儿各方面自理能力的提高状况。

我们还组织了家长课堂活动，使家长明确幼儿园的培养目标，家园统一要求。家长可以根据幼儿园的培养目标在家庭中有意识地进行养成教育，逐渐帮助幼儿提高自我服务能力。

在幼儿园，我们也通过各种活动培养幼儿自己的事情自己做，如开展的"我学会了"活动，利用提问、讨论、行为练习等形式，让幼儿意识到自己有能力干好一些事情，为自己会干力所能及的事情感到高兴。又如结合生动有趣的故事，帮助幼儿充分理解作品内涵，通过作品中角色的行为，使幼儿受到感染，在潜移默化中纠正自己不好的行为。

教育环境的创设也是我们常用的手段，我们会张贴娃娃自己穿衣服的图片，或在洗手间张贴小动物洗刷的图片，通过环境育人，使幼儿明白自己的事情要自己做。

我们建议家长因势利导，在保证安全的前提下，放手让幼儿去做力所能及的事情。当幼儿完成一项工作后，适当肯定和赞赏，让孩子体验劳动的收获与成功的喜悦，增强幼儿的自信心。

幼儿年龄小，模仿能力强，父母是孩子的第一任教师，家长要处处以身作则、言传身教、做幼儿的榜样，用自己的言行去影响孩子。

我国著名的教育专家陈鹤琴先生说："凡是幼儿能做的事情应该让幼儿自己做，不要替代他。"所以，家长要培养幼儿的独立性，也要相信幼儿，赞赏幼儿跌跌撞撞学会自立的过程，不要因为怕幼儿吃饭太慢、太脏、太乱而放弃让他自己动手，不要因为怕幼儿尿湿裤子而包办整个如厕过程，要给幼儿留出试一试的空间。

教育幼儿需要幼儿园与家庭协同配合，家园要步调一致、目标一致，才能更好地为幼儿的健康成长保驾护航。

山西省晋城市凤鸣幼儿园　李海霞

杜绝"三天打鱼两天晒网"

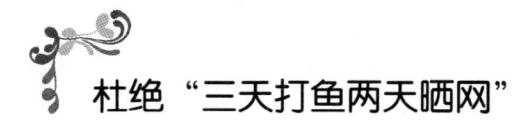

萱萱是一个很内向、乖巧懂事的小朋友,在幼儿园里私下和小朋友交流得很好,但是却不喜欢在集体中表现自己,也不太喜欢与老师交流。

偏偏,萱萱又不能做到每日来园,"三天打鱼两天晒网",这让萱萱在学习与能力培养方面都无法持续。

通过与萱萱妈妈沟通,了解到萱萱平时是由爷爷奶奶带着,爷爷奶奶对萱萱的事情包办得太多,萱萱的身体素质不是很好,经常生病,一生病就请假在家,长时间不来园,导致孩子在家的时间远远比在幼儿园的时间多。

通过多次沟通,萱萱妈妈认识到了幼儿长时间不来幼儿园的利害关系,所以最近一段时间,萱萱的来园时间明显增多。

有一天,轮到我在门口接待小朋友,我和小朋友们一一打招呼。不一会儿,萱萱拉着奶奶的手走了过来,我微笑着向萱萱问好:"萱萱早上好。"

萱萱抿着嘴笑着但没有向我问好。

接下来奶奶给萱萱脱衣服、挂衣服……一系列操作后才来晨检。晨检后,我又向萱萱问好,可是萱萱依然没有回应。

萱萱奶奶走的时候不忘跟我叮嘱萱萱的身体不好,让我多照应。

现在萱萱的出勤率要比以前高了,但由于长时间不来园导致她变得沉默寡言。我知道不能急,需要慢慢引导,这个时候家长的配合很重要，不能再像以前那样半途而废。

我建议家长带萱萱走出家门，为她创造更多与人交往的机会，如带萱萱去广场、公园、超市，锻炼胆量，帮助萱萱消除与人交往时的无措。

我还建议家长多跟萱萱讲一讲幼儿园的事，鼓励她愿意接受同伴与老师。

我在幼儿园，也会多关注和引导，一起帮助萱萱渡过"关键期"。

一天，因为下雨，我们把早操活动转移到了室内，幼儿们做得都很认真。

可我发现萱萱做操时总是两条腿夹在一起，表情也很不自然。

我猜测她可能是想尿尿，于是走到她面前悄悄问："萱萱，怎么了，哪里不舒服吗？"

她咬着嘴唇不说话。

我又问道："你想尿尿吗？"

她不好意思地点了点头。

我示意她去厕所，回来后萱萱依然感觉很不好意思，小脸蛋红红的。

我走到她身边悄悄告诉她："萱萱，有什么事情要大胆跟老师说，不用不好意思，每个小朋友都会遇到这样的事情，如果不好意思说，老师又没看到，这样就会尿裤子的。"说完我摸了摸她的头，她腼腆地朝着我笑了笑！

萱萱是一个不爱表达自己想法的幼儿，通过今天的事情可以看出，她想去小便，但是在集体活动中她不好意思向老师表达，这就需要及时引导。

接下来，我经常和萱萱沟通交流，取得她的信任，消除陌生感。然后引导性格外向的幼儿与萱萱一起玩游戏，促进她与同伴的交往。我还跟萱萱妈妈保持密切的沟通，家园就萱萱在家与在园的表现及时反馈并交流意见，形成教育一致性。

一次，我们组织了"一分钟跳绳比赛"活动，幼儿们跃跃欲试，比赛也很精彩。

轮到萱萱的时候，她站在原地不动，我喊了开始计时以后，她还是原地不动。我问："萱萱，比赛开始了，怎么不跳呢？"

我感到很不解，因为萱萱跳绳已经练得很好了。

萱萱跑到我面前小声的说："老师，我热，奶奶给我穿了两条裤子，我能脱下来再跳吗？"

我笑了笑对她说："当然可以了。"

班级另一位老师带着萱萱回到活动室脱下一条裤子，萱萱回来后开心地完成了比赛。

萱萱能够根据需求主动和老师沟通，说明她已经开始愿意表达自己的感受了，有了很大的进步。

我把萱萱的进步分享给妈妈和奶奶，她们都很开心。

还有一次区域活动，萱萱和好朋友宁宁选了很多小动物手偶进行表演。

两个好朋友一起有说有笑地表演着，她们既说出了原故事中的语句，又进行了创编，最后还在记录表上用五颜六色的水彩笔画出了好看的图画。

这一天中，萱萱看上去都很快乐，到了离园时讲故事的环节，以往萱萱只是看大家讲故事，今天我意外发现萱萱眼神里充满了向往。为了给萱萱一个展示自我的机会，我鼓励她大胆上台讲故事。

萱萱讲故事时声音有点小，但是她成功迈出了这一步，愿意在集体面前表现自己了，这是一个很大的进步。

我及时把这个好消息跟萱萱妈妈分享，大家都为萱萱的变化感到高兴。

经过这段时间的鼓励与指导，萱萱已经有了很明显的进步，但是我们仍然不能停止对她的鼓励。我们将继续和家长沟通，保持家园合作，共同帮助萱萱建立自信。

经过我们的努力，萱萱奶奶也转变了教育观念，学会了适当放手，不包办代替，还给幼儿自由选择的机会，让萱萱做力所能及的事情，提高独立性。

山东省滨州市滨城区市东街道中心幼儿园　辛瑞婷

爸爸爱心志愿团

接送幼儿入园、离园的家长以爷爷奶奶、姥姥姥爷或妈妈为主，家长会、家长半日活动中频频闪现的也多是妈妈们的身影，本该陪伴在幼儿身旁的爸爸们却总是缺席。但是，爸爸在幼儿教育中的作用是不可或缺的，为此，我们积极探索，努力尝试通过多种方法打破现状。

我们向幼儿征集想法，很多幼儿提出想要爸爸多陪伴的心愿。

聆听到幼儿们的心声，我们积极行动起来。

我们首先邀请个别爸爸来园沟通，听取他们的想法。得到一致的答案后，我们组织班级所有爸爸们参加了一次特殊的家长会，普及父亲在幼儿教育中的重要性。

但爸爸们也是三分钟热度，在会上表示积极配合，可会后依然是充当缺席的角色。为此，我们重点找了几位有代表性的爸爸进行深入沟通、了解情况，答案无非是工作忙，沟通效果不佳。

班级内几位老师几经研讨，建议成立"爸爸爱心志愿团"，采取自主招标和推荐的形式，招募一批有公益心、有爱心、有责任心的男性家长，让他们来做其他爸爸们的"润滑剂"，以家长影响家长，这样的沟通方式明显更有效。

在"爸爸爱心志愿团"动员会上，爸爸们聆听了推选出来的爸爸代表的经验分享：以自身的经验让其他爸爸看到父亲在幼儿教育中的影响力。在交流互动环节，不少爸爸表示收获很大。

动员会结束后，被推选出来的爸爸代表组织爸爸们填写《"爸爸回音"调查表》，爸爸们纷纷表态愿意担当"爸爸爱心志愿者"，配合幼儿园的活动，陪伴幼儿成长。

在家长影响家长的带动下，不少爸爸为团队献计献策，他们商讨拟订各项行动计划，还选举出了总队长、小队长，并明确了各自的职责。

他们行动果断、目的性明确，一旦下了决定就雷厉风行地行动起来——

六一欢庆活动上，琪琪爸爸挨个给幼儿们送祝福、发礼物，带给幼儿们极大的惊喜和欢乐。

集体生日会上，在爸爸志愿者的带动下，更多的爸爸参与进来，由爸爸们赞助参演的男生小合唱《亲亲我的宝贝》，歌声雄劲又甜蜜，氛围温馨又感人，幼儿们过了一个别样而难忘的生日会。

亲子运动会上，爸爸们更活跃了，他们带领幼儿一起跳绳，鼓励幼儿积极参加体育锻炼。他们变得越来越有经验，还发挥了各自的才艺强项和职业特色。

足球场上，爸爸们矫健跑动的身姿与幼儿稚嫩的球艺相映成趣。

军人爸爸组织打造了一场"迷你军人秀"，引导幼儿积极参与学习，培养刻苦精神。

作家爸爸给幼儿讲述了生动的故事，幼儿们听得津津有味……

爸爸们的职业与人生经历各不相同，能够为幼儿提供的知识和资源也不同，他们发起的助教活动，对幼儿园教学是很好的补充，也让幼儿们的视野变得更加广阔。幼儿积极参与各种特色活动、快乐体验、友好交往，一个个化身为快乐的小精灵。

还有爸爸组织的一些户外的烧烤活动、游艺活动、露营活动等，给幼儿们的校外活动和户外课堂添加了无限精彩和可能性。

"爸爸爱心志愿团"促使爸爸们不再是幼儿教育中的缺席者，也为幼儿添加了活力，更成为家园沟通与合作的有效方法。

每次家园沟通中，爸爸们不再是拒绝的态度，而是跟班级教师达成统一战线、共同协商有益于幼儿发展的方法与策略。

为了使爸爸们直观地看到开展同类活动产生的积极影响，班级教师在大厅的公共墙面上开辟了一个专栏——"爱心银行"，用来记录、展示爸爸们对幼儿园活动的支持、配合以及精彩瞬间。这种形式不仅是对爸爸们的付出的认可，同时也可以发挥以点带面的作用，带动全园的爸爸们积极参与幼儿园的活动，起到良好的榜样作用。

"爸爸爱心志愿团"的成立和开展的各色活动，让幼儿骄傲自己的成长路上有爸爸的一路陪同，爸爸参与的点点滴滴也成为幼儿成长历程中的温暖回忆。

我们家园联手，一起播撒"陪伴幼儿一起成长"的教育理念，没有教育"围墙"、没有知识"边界"，有的是从心里发出的幸福笑颜！

江苏省无锡市育红实验幼儿园　俞淼

家园共绘美好教育蓝图

《纲要》明确指出"家庭是幼儿园重要的合作伙伴",《指南》也指出"家长工作是幼儿园工作的重要组成部分"。当幼儿从家庭走进了幼儿园,家长已然成为教师的亲密伙伴,共同担负起家园共生共育的使命。

在琐碎细致的幼儿园工作中,幼儿教师于无形之中紧密联系着自己与幼儿、自己与家长、幼儿与家长、幼儿与幼儿之间的微妙关系。

记得今年的新生入园,一个月后,当幼儿与新手家长刚进入角色有所适应后,一幕幕家园沟通的小插曲便接踵而来。

到了离园时分,班级里的几位老师挨个给幼儿检查着装,确认裤子是否尿湿、鞋子是否穿反,一切妥当后逐一将幼儿交到家长手中。

这时只见萌萌的爸爸在接走幼儿后又折返回班级,面色难看地质问起来:"老师,我们孩子的袜子呢?"语气里尽是责备与不满。

新手老师略显紧张地前去接待,保育老师也及时来到家长面前解释说:"今天起床时我就没找到她的袜子,应该是来的时候就没穿袜子吧。"

一席话迅速点燃了家长心头的怒火:"你凭什么说我们今天没穿袜子来上学?你家孩子秋天不穿袜子吗?"

一时间,场面极度尴尬,等不及老师们做出反应,家长拉着萌萌头也不回地走了。

事情发生后,几位老师在班级里迅速行动找萌萌的袜子,最终在萌萌午睡的被套里翻找出来。老师们立刻意识到之前与家长沟通时是何等武断。

园部牵头立即督促老师与家长主动交流，及时沟通。

家长在冷静的状态下，了解了事情的原委，这件事也给了几位老师深深的教训，促使她们在接下来的家园沟通工作中学会理性分析问题、机智应对问题。

于是在处理乐乐经常咬人的问题上，班级里的老师们则表现得不再慌乱，而是积极想办法解决。

最初发现乐乐咬人时，班主任首先进行了多次引导，但收效甚微。于是及时与家长沟通，了解到由于乐乐父母忙于工作，多是由奶奶陪伴和照顾。而当班主任与乐乐奶奶沟通时，乐乐奶奶就对乐乐又打又骂。

因为乐乐奶奶的家庭教育方式不当，随后的一段时间，乐乐的咬人行为未见收敛反而变本加厉，班上幼儿多次被他咬伤。

班主任几次尝试约见乐乐的父母，却因各种原因迟迟未能如愿。

基于此，班级内几位老师展开讨论，大家一致认为需要让乐乐的父母知道乐乐的情况。通过多次沟通，在乐乐奶奶的帮助下，乐乐的爸爸妈妈终于同意和老师见面了。

第二天，乐乐在爸爸妈妈的陪同下入园，显得格外开心。班主任耐心地向乐乐的爸爸妈妈讲述乐乐的情况，然后与他们共同探讨更科学、更有利于幼儿健康成长的方法，帮助他们逐步树立正确的、科学的育儿观。

经过面谈，乐乐爸爸妈妈开始重视乐乐的教育，奶奶也改变了打骂孩子的教育方式，并尝试鼓励与表扬乐乐的点滴进步。

班级教师也改变了纯粹的说教方式，将乐乐的行为与绘本阅读结合起来，为孩子提供正确的指导，家园合作共同帮助乐乐改变咬人的行为习惯。

在家园的有效沟通与齐心配合下，乐乐咬人的行为大为好转，甚至在语言表达能力、亲子和谐关系上也有了质的飞跃。

家园携手关键在于建立相互信任、尊重、支持的情感链接，当家长感受到教师的真诚相待，就会愿意与教师沟通和配合，从而建立相融相生的伙伴关系。

还记得在一次家长开放日活动上，家长们正全情投入到观看自己孩子的各种表现中，这时两个相邻幼儿因为争抢座位闹起了矛盾。

正当教师准备介入时，洋洋一把推了推桌子，刚好两桌间的缝隙夹到了妍妍的手指，被夹手的妍妍哇哇大哭起来。

洋洋妈妈连连道歉，但是妍妍爸爸不予理会，抱起妍妍冲着教师大喊道："你们老师都不知道管一管吗？我送孩子上幼儿园就是为了让她开心、快乐地玩耍。不是让她受欺负的！"

瞬间，全场安静，连妍妍也停止了哭泣。

见此情景，班主任赶紧让班级里的另一位老师将妍妍抱到保健室检查，顺势也将妍妍爸爸请到了其他教室。

班主任先给妍妍爸爸倒了杯茶，妍妍爸爸似乎意识到刚刚的失态，转变了态度打开了话匣子："老师，我们家妍妍由于早产，吃了很多苦头，因为又是老来得女所以我们都很宝贝她，一看到她受委屈我就受不了，也控制不住自己的脾气。"

班主任耐心地跟妍妍爸爸聊了一会儿，认真听妍妍爸爸讲述，表示理解的同时也给出了一些启发建议。妍妍爸爸表示受益匪浅，答应回去调整自己的教育方式。

倾听也是一种有效的交流方式，教师通过倾听可以了解到家长对幼儿的教育方式是否科学以及存在的问题，在倾听的过程中教师将从家长那里获取的信息进行整理，可以及时梳理出指导策略，帮助家长意识到家庭教育中存在的问题。就这样在相互沟通中，不仅可以让家长看到教师的专业性，也会提高对老师的信任度。

陈鹤琴先生说过："幼稚教育是一种很复杂的事情，不是家庭一方面可以单独胜任的，也不是幼稚园一方面能单独胜任的，必须要两方面共同合作方能得到充分的功效。"因此，作为幼儿教师，只有和家庭建立良好的家园关系，形成教育合力，才能更有效地促进幼儿身心的全面、健康发展。

家园沟通是家园合作的桥梁，面对不同幼儿的家长，教师要善于真诚沟通与表达，感同身受地去倾听、理解和换位思考、维护家长的权利和尊严、了解幼儿与家长的需求等，对症下药，精准施策，方能自成良方。

江苏省南京市栖霞区西岗幼儿园 张磊